运动安全与健康

主　编　吴叶海　傅旭波　刘　明

副主编　潘雯雯　钱宏颖　余保玲

ZHEJIANG UNIVERSITY PRESS
浙江大学出版社

图书在版编目(CIP)数据

运动安全与健康 / 吴叶海,傅旭波,刘明主编. —
杭州:浙江大学出版社,2021.9
ISBN 978-7-308-20567-2

Ⅰ.①运… Ⅱ.①吴… ②傅… ③刘… Ⅲ.①体育—
高等学校—教材 ②健康教育—高等学校—教材 Ⅳ.
①G807.4 ②G647.9

中国版本图书馆 CIP 数据核字(2020)第171064号

运动安全与健康

主　　编　吴叶海　傅旭波　刘　明

责任编辑　葛　娟
责任校对　杨利军　宁　檬
封面设计　周　灵
出版发行　浙江大学出版社
　　　　　(杭州市天目山路148号　邮政编码310007)
　　　　　(网址:http://www.zjupress.com)
排　　版　杭州朝曦图文设计有限公司
印　　刷　杭州高腾印务有限公司
开　　本　787mm×1092mm　1/16
印　　张　10.25
字　　数　190千
版 印 次　2021年9月第1版　2021年9月第1次印刷
书　　号　ISBN 978-7-308-20567-2
定　　价　32.00元

前　言
◆PREFACE

　　运动安全与健康课程是学校体育教育教学的重要部分。在落实全国教育大会和习近平总书记关于体育与健康教育的一系列重要论述精神的过程中,高校体育教育教学必须毫不动摇地坚持"生命在于健康、健康在于运动、运动在于安全"的指导思想和"健康第一、安全第一"的教育理念。

　　运动损伤在体育课、课外体育锻炼时有发生,主要是由于广大同学对于运动安全防范的意识较为淡薄,自我监督、自我防护、自我处置能力和应急急救方法等普遍较为缺乏。在体育教育教学实践中,一旦发生运动损伤,不但给学生带来生理和精神伤害,也会对学校体育教育教学造成不良影响。因此,运动安全与健康教育必须引起体育教育者和同学们的高度重视。

　　本课程从教育学、运动学、生理学、心理学、社会学等视角,结合教育教学实践和当前最新科研成果,深入浅出地讲解"体育与健康教育、运动损伤与防范、自我医务监督、常见运动损伤处理与治疗、常见运动性疾病预防与处理、体育运动中常用的急救方法、运动康复、户外拓展的安全与防范、运动处方方案制订"内容,共分九章,五十九讲。

　　通过本课程教学,同学们将会树立"安全第一、预防为主、防治结合"的科学锻炼观和运动安全观。本课程不仅适合于大学生学习,也是广大体育运动爱好者的益友。

目　录
◆CONTENTS

第一章　体育与健康教育

体育教育是学校教育的重要组成部分,是培育美好情感和坚毅品德的基石,是教育的灵魂,是最好的健康教育,是培养德智体美劳全面发展的社会主义建设者和接班人的重要途径。习近平总书记在党的十九大报告中指出:"广泛开展全民健身活动,加快推进体育强国建设。"2018 年在全国教育大会上强调:"要树立健康第一的教育理念。"

第一节　体育与体育教育

体育教育与
体育运动的
界定

一、体育与体育教育的界定

(一)体育

体育在《现代汉语词典》中被解释为:体育运动,是指在人类发展过程中,逐步开展起来的有意识地培养身心的各种活动,包括身体、心理、情感等。

实践证明,体育运动是"加强生命活动、延缓人体衰老、促进人类进化"的有效手段,是影响人体发展的主要因素之一。

(二)体育教育

体育教育包括体育教学课、运动训练课、课外体育竞赛等,是指通过身体活动和其他辅助性手段进行有目的、有计划、有组织的教育过程。这里所指的是普通体育教育,是一个完整的体系,包括课内体育和课外体育。

体育既是教育的重要手段,又是教育的重要内容,是以"增强体质、掌握技能、培养习惯、塑造人格"为教育目标,对"促进身体正常发育、提高心理健康水平、增强社会适应能力、培养全面发展人才"具有重要的作用。

二、体育运动的意义

（一）生命在于运动

"生命在于运动"这句话是18世纪法国思想家、文学家、哲学家伏尔泰（Voltaire）（图1-1）提出的格言。伏尔泰喜欢跑步、骑马、游泳、爬山等运动,在80岁高龄时,还和朋友一起登山看日出。

图1-1　伏尔泰

生命在于运动的内涵是:生命的产生在于运动,运动是生命诞生的前提条件,没有物质运动就不会有生命的产生;生命的存在在于运动,运动也是生命存在的基础;生命的发展在于运动,运动又是生命发展的动力和源泉。

（二）体育运动讲究科学与安全

体育运动是在运动人体科学、运动生物学、运动医学、运动心理学等科学理论指导下,人们根据自身健康情况,进行的能够提高自身生理机能、身体素质,调节精神,丰富生活,促进健康的身体活动。

体育运动要遵循"有量有度,有规有律,有节有禁,量力而行,循序渐进,适应气候,适应环境,安全有序"的原则。

健康与健康
教育的界定

第二节　健康与健康教育

一、健康与健康教育的界定

（一）健康

传统的健康观认为"无病即健康"，而现代人的健康观则强调整体健康，就是指一个人在身体、精神和社会等方面都处于良好的状态。

——1990年，世界卫生组织（WHO）将健康定义为"生理健康、心理健康、社会适应、道德完善"的良好状态，也称为"四维定义"。

——1998年，哈恩提出健康的七维理念，内容包括"生理、情绪、社会、智力、精神、职业、环境"七个维度。

（二）健康教育

健康教育是指有计划、有组织、有系统的社会和教育活动（图1-2）。健康教育的核心是帮助人们树立健康意识，了解影响健康的行为因素，自觉养成有益于健康的生活方式、行为方式、运动方式，以消除或减轻影响健康的危险因素，预防疾病，促进健康，提高现在和未来的生活质量。

图1-2　大学生参加社会活动

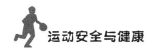

二、判断健康的评价标准

（一）生理健康

生理健康也称体质健康,是指人体在形态、结构、机能、体能和环境适应上的良好状态。

评价标准为:目光有神、呼吸匀畅、脉象缓和、体格强壮、面色红润、二便正常、耳聪目敏、腰腿灵便、声音洪亮、须发润泽、食欲正常。

（二）心理健康

心理健康是指人在情绪、意志、平衡人际和社会关系等方面处于良好状态。

评价标准为:智力正常、情绪良好、人际和谐、自觉果断、人格完整。

（三）社会适应

社会适应是指人在自身适应社会环境的变化与发展过程中处于良好状态。

评价要素为:

海纳江河——承认社会发展的可变性与复杂性;

涤故更新——善于改变以往的自身习惯,养成新的习惯以适应环境;

惟学无际——善于学习新知识,接纳新生事物;

知至知终——把握理想与现实的统一性;

持之以恒——坚持科学的体育锻炼。

（四）道德完善

道德是由人们在实际生活中根据需求而逐步形成的一种具有普遍约束力的行为规范,道德标准是指判断和评价人们行为是非、善恶、荣辱的尺度。

基本规范为:爱国守法,明礼诚信、团结友善、勤俭自强、敬业奉献。

三、影响健康的主要因素

世界卫生组织认为影响人类健康和生命的因素,主要包括人类遗传与生物学、自然与社会环境、行为与生活方式、医疗与卫生服务等四大因素。

1. 遗传与生物学因素

主要包括:自然遗传、生育年龄、生育胎次、发育状况、免疫功能以及性别与个性等。约占15%权重。

2. 自然与社会环境因素

自然环境因素,主要包括:生态环境、地理位置、空气质量、居住条件、人口状况等;

社会环境因素,主要包括:政治制度、经济水平、文化教育、人际关系、基础设施等。约占17%权重。

3. 行为与生活方式因素

主要包括:饮食规律、睡眠规律、体育锻炼、生活习惯、卫生行为、婚姻状况等。约占60%权重。

4. 医疗与卫生服务因素

主要包括:医疗机构、服务供给、经济投入、资源配置、保险制度、信息技术、科技发展等。约占8%权重。

第三节 体育运动与健康促进

体育运动与
健康促进

体育运动是促进健康的关键要素,主要体现在"生理健康、心理健康、环境适应、个体健康"四个方面。

一、促进生理健康

经常参加体育运动,有助于增强心肺、免疫、消化功能,有助于改善神经系统机能,有助于提高力量、耐力、柔韧、灵敏等身体素质,是促进生理健康的有效途径。主要表现在如下六个方面。

(一)增强心肺功能

长期从事体育运动,男生肺活量可达4000毫升以上,女生肺活量可达3500毫升以上。实践证明:

体育运动可使心肌纤维变粗,心肌增厚,心脏收缩力和容量增大,同时可有效预防心血管疾病的发生;体育运动可保持肺组织的弹性,使呼吸深度加深,肺活量增加。国际著名的德国医学教授赫尔曼指出:"健身跑时的供氧量比静坐时多8～12倍。"

(二)增强免疫功能

体育运动对于人体疾病的预防和治疗具有重要的作用。实践证明:

体育运动时,人体的体温升高,体内白细胞数量增多;体育运动时,产生的一些特殊的物质,可以增强免疫功能,减少传染病的感染率。

随着运动医学发展,可通过体育疗法(体疗)手段恢复肢体功能,以增强抵抗能力。

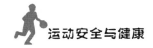

（三）增强消化功能

消化功能对于人体新陈代谢具有不可替代的作用。实践证明：

体育运动能促进消化液分泌，加强消化道蠕动，改善胃肠的血液循环，加强胃肠的消化机能，从而有利于食物的消化与营养的吸收，同时会增加食欲；体育运动能促进消化系统的机能，促进胆汁合成和排出，减少胆石症等疾病的发生。

（四）改善神经系统机能

神经系统是人体内起主导作用的功能调节系统。实践表明：

体育运动可以提高大脑皮层神经活动过程的强度、均衡性、灵活性和神经细胞工作的耐久力；体育运动可以让神经细胞获得更充足的能量物质和氧气供应，从而提高对外界刺激的适应性，使人的动作更敏捷、反应更迅速、思维更活跃。

据统计，经常锻炼的人，反应速度比一般人要快0.2～0.3秒。

（五）增强肌肉力量与耐力

肌肉力量是指肌肉抵抗阻力的能力，即肌肉在紧张或收缩时所表现出的一种能力。实践表明：

在体育运动中，肌肉的反复用力做功，可以刺激肌肉细胞中有关能量代谢、蛋白质合成等酶活性的增加，达到增强肌肉力量和耐力的目的；体育运动是使肌肉在克服外来阻力（器械）时进行的运动，对于提高肌适能水平、增加肌肉力量和肌肉耐力具有重要作用。

（六）提高柔韧性与灵敏性

柔韧性是指人体关节活动幅度以及关节韧带、肌腱、肌肉、皮肤和其他组织的弹性和伸展能力。柔韧性不仅是运动能力的基础，更是人们日常生活和工作的一种必备能力。实践证明：

经常做伸展练习可以保持肌腱、肌肉及韧带等软组织的弹性；柔韧性得到充分发展后，人体关节的活动范围和灵敏性会得到明显的扩大和增强，可预防由于动作幅度加大、扭转过猛而产生的关节、肌肉等软组织的损伤。

二、促进心理健康

国内外学者研究认为，参加体育运动有助于完善性格、调节情绪、提高认知机能等，对心理健康有着良好的促进作用。

（一）完善性格

体育运动通过直面挑战，战胜自我，有助于培养"坚韧不拔、勇往直前、努力拼搏"

的意志品质。主要表现如下。

1. 通过运动合作,有助于培养荣誉感、责任感、组织性、纪律性,促进人际、家庭、社会和谐;

2. 通过运动判别,有助于提升个人判断和分析问题的能力,形成严谨细致的习惯;

3. 通过运动塑形,有助于满足人们多样化的精神文化和情感需求。

(二)调节情绪

体育运动有助于增强人们自我调节情绪的能力。主要表现如下。

1. "短期锻炼效应"

一次体育锻炼能使紧张、困惑、疲劳、焦虑、抑郁等不良情绪状态显著改善。

2. "长期锻炼效应"

持续8~10周以上,每周2~4次有规律的体育锻炼可以产生良好的长期情绪反应。

3. "运动形式效应"

从事慢跑、游泳、有氧体操、瑜伽等运动,并满足规律性、中等强度(即最大摄氧量的60%~70%)和持续性(即每次20~60分钟)的条件,就会产生改善情绪的效果(图1-3)。

图1-3　慢跑、游泳、有氧体操、瑜伽、足球等运动

实践证明,情绪的改善可能与练习活动的特征有关,如果个体所从事的是愉快的、非竞争性的、重复的、有节奏的活动,就会产生良好的情绪状态。

(三)提高认知机能

研究表明,在大学阶段长期坚持锻炼,可对认知机能起到良好的促进作用。主要表现如下:

1. 体育运动参与者,必须保持注意力的高度集中,通过视觉和听觉感知动作的形象,通过触觉和肌肉的本体感觉来感知动作的要领、肌肉的用力程度以及动作过程中的时空关系等,从而建立完整、正确的动作表象。

2. 体育运动有助于改善人体中枢神经系统,增强大脑皮质对兴奋与抑制的协调能力,改善大脑皮层神经系统的均衡性和准确性,促进人体对时间、空间和运动感知等方面能力的发展,使各种感觉更加灵敏和准确,以提高大脑思维的灵活性、协调性。

三、促进环境适应

体育运动有利于提升人体适应环境的能力。主要表现如下:

1. 人体在运动时,必须随时调节自身功能来适应外部环境,使身体内外达到平衡;

2. 通过平等、友好的练习或比赛,可以协调人际关系,扩大社会交往,提高社会适应能力。

实践证明,与不常锻炼的人相比,经常从事锻炼的人有更强的适应性,更能消除疲劳,缓解紧张和压力,展现出自信、坚韧、敏锐等优秀品质。

四、促进个体健康

体育运动是影响个体健康状况最为重要的后天环境因素。

(一)体育观念

个人的终身体育观念是影响参与体育运动中最主要的因素,对体育运动参与的影响最为突出。主要有以下两方面:

1. 认同感。当个体认识到体育运动对健康的重大作用和意义时,参与的积极性和主动性就会显著提高。

2. 获得感。当个体在实践中体会到体育运动对提高生活质量的积极作用后,将会对体育运动产生依赖性,使之成为个人生活中相对稳定的一部分。

（二）运动适量

运动适量是指运动者根据个人的身体状况、运动场地、器材设备、气候条件等因素，选择适宜的运动项目，使运动负荷不超过自身的承受能力。

判断运动适量的常用标准，是运动后机体无不良反应，略感疲劳而恢复较快；情绪和饮食良好，睡眠质量高，醒后感觉精力充沛。

（三）运动过量

运动过量是指运动负荷超过人体的承受能力，使机体在精神、能量等方面过度消耗，无法在正常时间内得到恢复。

1. 产生原因

运动量安排不恰当或局部负担过大，具体体现在强度、密度过大或持续时间过长；运动方法单调、枯燥；作息不规律，睡眠不足，营养不均衡等。

2. 影响健康

可能导致机体免疫功能受到损害，影响健康；可能导致神经官能症，反应能力下降，肌肉弹性减小等。具体表现为兴奋性差，竞争意识不强，体力恢复慢等；可能导致血尿、蛋白尿，增加运动性贫血、运动性血尿、运动性哮喘等疾病的发作概率，造成运动能力下降等。

（四）运动缺乏

运动缺乏是指每周运动不足 3 次，每次持续运动时间不足 30 分钟，运动强度偏低。据世界卫生组织估计，全球因运动缺乏而引致非正常死亡的人数，每年超过 200 万人。

运动缺乏可能使人体新陈代谢机能降低，容易引起各种肌肉与关节疾病，如肩周炎、骨质疏松、颈椎病等；可能使心肺机能和抵抗力下降，导致高血压、心脏病、动脉硬化等发病率增加；运动缺乏还是肥胖和加速衰老的主要根源。

第四节　健康第一的教育理念

健康第一的
教育理念

"健康第一"，是教育工作落实科学发展观的重要体现，是以人为本、促进人的全面发展的内在要求。

——新中国成立之初，毛泽东同志指出"要注意健康第一，学习第二"。

——改革开放后，邓小平同志要求"要把学校体育工作搞好"；江泽民同志多次强

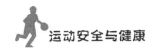

调"体育是关系人民健康的大事,体育水平是一个民族文明进步的重要标志";胡锦涛同志指出,站在党和国家事业发展全局高度,把维护人民健康权益放在第一位。

——习近平总书记于2018年9月10日在我国第34个教师节全国教育大会上强调,"要树立健康第一的教育理念",开齐开足体育课,帮助学生在体育锻炼中"享受乐趣、增强体质、健全人格、锤炼意志",为新时期我国普通高校体育事业的发展指明了方向。

——浙江大学原校长竺可桢,于1936年4月在就职演讲词中说:"健全的体格是大学教育的目标,是造就公忠坚毅、担当大任、主持风气、转移国运的领导人才所不可缺少的四项条件之一。"他提出:"课余之暇,每日能一二小时专心体育,则不但可强健体魄,其对于智育及德育亦有善良之影响。"强调学校应贯彻德、智、体三育并重的办学方针,要求学生努力提高学业、道德、体格各方面的修养。

当前,高校体育教育不仅承载着增强体质、掌握技能、培养习惯的任务,更承载着传承文化、传播思想、塑造人格的时代重任。在体育教育过程中,必须始终坚持"健康第一,安全第一"的教育理念。

一、体育教育的发展理念

(一)以"立德树人"为根本任务,以"健康第一"为指导思想

高校体育教育,要将知识与技能、过程与方法、情感与价值有机统一,强调身体基本活动能力、运动技能的有效发展,促进健康知识、安全意识与体育文化的有效融合(图1-4)。

图1-4　浙江大学学生参加马拉松长跑

（二）以学生发展为中心，遵循身心发展规律

高校体育教育过程中，要发挥教师的主导作用，突出学生的主体地位，创建师生互动、灵活多样的教育教学氛围，增强学生内在的学习动力，引导学生乐于参加课外锻炼和参加体育竞赛，使体育成为学生生活中不可或缺的重要组成部分。

（三）注重运动技能培养，奠定终身体育基础

高校体育教育，要使学生系统学习1～2个运动技能，积极参与体育锻炼与竞赛，培养体育核心素养（包括运动能力、运动安全、健康行为和体育品德），遵循体育教育教学规律，全面提升体育学习的成就感，为养成终身体育奠定良好基础。

（四）深化体育课程改革，创新教学方式方法

高校体育教育，要推动优秀传统体育项目和新兴运动项目的协调发展，与时俱进、开拓创新，努力体现课程的时代性。重视体育教育与信息技术的深度融合，注重学生的自主、合作和探究学习，培养学生的创新精神、实践能力和优良品格（图1-5、图1-6）。

图1-5　浙江大学开设水上舢板课程

图1-6 浙江大学体育老师正在给学生们上定向越野课程

二、全民健身的国家战略

《"健康中国2030"规划纲要》(以下简称"《纲要》")指出,健康是促进人的全面发展的必然要求,是经济社会发展的基础条件。实现国民健康长寿是国家富强、民族振兴的重要标志,也是全国各族人民的共同愿望。

(一)《纲要》提出三步走战略

第一步:到2020年,建立人人享有基本体育健身的服务,基本形成内涵丰富、结构合理的体育健康教育体系;

第二步:到2030年,促进全民健康的制度体系更加完善,健康领域发展更加协调,健康的生活方式得到普及,健康服务质量和健康保障水平不断提高,主要健康指标进入高收入国家行列;

第三步:到2050年,建成与社会主义现代化国家要求相适应的健康国家。

(二)《纲要》提出主要建设指标(表1-1)

表1-1 "健康中国2030"运动与健康主要建设指标一览

领域	指标	2020年	2030年
健康寿命	人均预期寿命/岁	77.3	79.0
健康体质	《国民体质测定标准》合格以上的人数比例/%	90.6	92.2
健康锻炼	经常参加体育锻炼人数/亿人	4.4	5.3

1. 人均预期寿命（岁）指标：到2020年平均寿命77.3岁，到2030年平均寿命79岁。2018年世界卫生组织发布报告，日本蝉联第一，达84.2岁。

2.《国民体质测定标准》合格以上的人数比例：到2020年达90.6%，到2030年达92.2%，国家学生体质健康标准达标优秀率达25%以上。目前，还存在一定差距。

3. 经常参加体育锻炼人数：到2020年达4.4亿人，到2030年达5.3亿人。2012年我国卫生部发布《"健康中国2020"战略研究报告》，指出八成成年人缺乏运动或从不锻炼。

（三）《纲要》提出实施青少年体育活动促进计划

培育青少年体育爱好，基本实现青少年熟练掌握1项以上体育运动技能的目标，确保学生校内每天体育活动时间不少于1小时。

三、强身塑心的育人功能

近年来，随着国家政策的不断调整和思想观念的逐渐转变，我国高校体育教育教学事业取得了长足发展。

浙大原党委书记邹晓东，于2018年9月在学校暑期工作会议上强调："既要重视德育、智育，也要重视体育和美育，要通过扎实改革进一步做实，让量大面广的学生能够接受教育和熏陶，帮助学生树立正确的健康观、审美观，让他们通过在浙大的学习，能够外塑形体、内塑涵养，成为身心健康、有魅力、有活力的人，为成为具有全球竞争力的领导人才奠定坚实的基础。"

2018年9月7日，《浙江大学一流本科教育行动计划》中明确提出今后一段时期体育教育教学改革的基本任务：全面加强和改进学校体育教育，构建具有浙大特色的"全方位、全成员、全过程"的"三全体育"教育教学生态课程体系，开齐开足体育课，增加体育必修学分和体育课堂教学时数，推行运动俱乐部管理机制，健全课外体育锻炼App跑距，实施每位学生每学期参加校园体育竞赛制度，规范学生的体育考试与体质健康测试评价，实现本科学生课内外体育全覆盖，让广大学生通过在浙大的体育学习达到"强身塑心"的目的。

第二章 运动伤害与防范

本课程旨在通过运动安全教育,帮助学生树立正确的运动安全观,了解运动伤害的基本概念、常见分类和项目特点,掌握运动伤害的预防原则和要素,增强自我防范意识,提高自我防护能力,预防或规避运动伤害。

第一节 运动伤害概念及分类

运动伤害概念及分类

一、运动伤害的基本概念

运动伤害是指体育运动造成人体各系统、器官以及组织在解剖学上的破坏或生理上的紊乱。运动伤害包括狭义的运动伤害和广义的运动伤害。

狭义的运动伤害,是指在运动中,直接因运动而造成的伤害,也称为运动损伤或运动创伤,如肌肉拉伤、韧带扭伤、挫伤(撞伤)、骨折等。

广义的运动伤害,不仅包括运动损伤,还包括运动性疾病和运动给参与者造成的机能减弱与威胁,如痉挛、腹痛、网球肘、投手肩、跳跃膝等。

运动有助于健康,也存在一定风险。运动伤害风险因素分为内在风险和外在风险。

内在风险因素主要包括:年龄、性别、身体形态、健康状况、技术动作、运动机能、认知能力、生理心理等因素。

外在风险因素主要包括:场地器材、气候条件、运动装备、组织管理、运动项目、医疗保障等因素。

内在风险因素越多,发生运动伤害的可能性越大。如果内在风险因素和外在风险因素同时出现,则发生运动伤害的概率会进一步增加。

二、运动伤害的常见分类(图2-1)

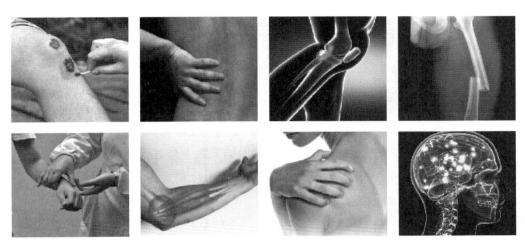

图2-1 运动伤害举例

(一)按伤害性质分类

开放性损伤:是指损伤部位的皮肤或黏膜的完整性遭到破坏,有伤口与外界相通,如擦伤、刺伤及撕裂伤等。

闭合性损伤:是指损伤部位的皮肤或黏膜无破损,没有伤口与外界相通,如挫伤、肌肉拉伤及关节韧带损伤等。

(二)按伤害病程分类

急性损伤:是指一瞬间遭受直接暴力或间接暴力造成的损伤,如肌肉拉伤、关节韧带扭伤等。

慢性损伤:是指局部过度负荷,多次细微损伤积累而造成的损伤,或由于急性损伤处理不当转化来的陈旧性损伤,如腰肌劳损、腱鞘炎、网球肘等。

(三)按组织结构分类

如皮肤损伤、肌肉损伤、肌腱损伤、关节损伤、骨骼损伤、滑囊损伤、神经损伤及内脏损伤等。

(四)按伤情程度分类

轻伤:是指受伤后不影响工作和生活或仍能按原计划进行运动的损伤。

中等伤:是指受伤后24小时以上不能正常工作,或不能按原计划进行运动或局部暂停运动,需治疗的损伤。

重伤:是指受伤后不能正常工作或完全不能运动,需入院治疗的损伤。

第二节　运动伤害的预防原则

运动伤害的
预防原则

一、加强自我医务监督

自我医务监督是指参加运动时依据医学检验方法和本体主观感觉,对自身生理机能和健康状况进行观察与评定的一种方法。自我医务监督,是客观评定运动负荷,早期发现运动性疲劳,预防运动损伤的有效措施,为合理安排体育课,课外锻炼的内容、方法与手段等提供科学依据。

二、加强自觉性积极性

自觉性积极性是指运动者发自内心,根据自身的兴趣、爱好自觉积极地从事运动(图2-2)。体育运动是一个自我完善、健全的过程,需要克服惰性和战胜困难。同时,体育运动还要有一定的作息制度作保证(如睡眠、饮食等),每位学生应把体育运动当作生活中不可缺少的一部分。

图2-2　大学生积极参加篮球比赛

三、掌握正确运动技巧

在体育运动中,了解和掌握正确动作要领及技巧,不仅能够在运动过程中发挥好运动技能,达到体育锻炼的目的,而且还能消除心理上的紧张和恐惧,增强自信,避免

不必要的运动损伤或运动性疾病的发生。

四、正确使用器材设备

在体育运动中,要熟悉掌握器材、设备的性能及使用方法,严格遵守相关操作规程(图2-3)。在使用体育器械时,如铅球、标枪等运动,必须选择指定的专用投掷场地,在确保自身安全的同时还要注意他人安全。

图2-3　运动员正在进行标枪训练

五、合理运用运动规则

各项运动都有不同的规则与规程,合理运用规则与规程不仅使运动更具公平性、精彩性、观赏性,也是促进各项运动技术、战术水平发展的基础,更是防范、避免运动者在运动过程中因无序、违规、违例等造成的不必要的运动伤害。

六、遵循机体发展规律

体育运动要遵循人体生理、心理等的发展规律。人体各器官系统的活动功能是一个逐步适应、逐步提高的过程;运动的负荷要由小到大;运动的持续时间、距离、次数、速度和强度等要逐渐增加;运动的内容和方法也要由易到难,从简到繁,做到循序渐进、量力而行,以有效地降低运动伤害。

七、避免局部负荷过重

体育运动应追求全面协调发展,运动负荷过于集中,容易造成机体局部负荷过重而引起运动伤害。如深蹲跳或半蹲跳动作过多,容易引发膝关节等劳损;又如网球、羽毛球挥拍,高尔夫挥杆动作过多或动作不正确或用力不平衡,长期重复易导致网球肘等。因此,在运动时尽量避免单一动作的过多重复,以防止局部负荷过重。

八、持之以恒、锲而不舍

"生命在于运动,运动贵在坚持。"体育运动是对机体产生适当刺激,每次刺激都能产生一定的作用痕迹,这种痕迹积累使机体结构和机能达到新的适应,以不断增强体质。因此,体育运动的实效贵在持之以恒、锲而不舍。

第三节　运动伤害的防范要素

运动伤害的
防范要素

一、预防运动伤害的基本要素

(一)思想认识上高度重视

参加体育活动,首先要了解自己的身体状况,学会自我监督,如有特异体质或者患有特殊疾病,应禁止参加体育运动,尤其是长距离、长时间的剧烈运动。主要包括:

一是各种内脏疾病的急性阶段,如心、肺、肝、肾和胃肠等疾病;

二是有出血倾向的疾病,如出鼻血、肺及支气管咯血等情况;

三是传染病、慢性疾病,如流行性感冒、乙肝、肺结核、红眼病等;

四是患有心脏病、高血压等疾病。

要如实向体育教师或活动负责人反映并告知情况,以便其采取必要的措施,防止出现不必要的意外伤害。

(二)选择适宜的环境条件(图2-4)

图2-4　运动员正在参加夏季运动会接力跑

体育运动应注意运动的环境条件,不宜在过热或过冷的环境条件下,或空气质量不好的情况下进行运动。另外,运动时应注意时间段的选择,夏季应选择凉爽的时段运动,冬季则应在相对温暖的时段运动。

(三)选择适宜的场地器材

在运动前要认真检查场地和器材,以消除安全隐患。要注意场地中的不安全因素,如检查场地的平整度和沙坑的松散度;要仔细检查体育设施是否牢固安全可靠,器材是否完好等。要根据运动场地的具体情况调节运动形式及强度,以确保自身运动安全。

(四)选择适宜的物质装备(图2-5)

图2-5　穿着舒适运动服装参加运动

运动服装的选择,应选择质地柔软,透气性、吸水性较好和便于活动的服装,符合自身尺寸大小;运动鞋的选择,应选择具有一定弹性及透气性良好、穿着舒适的鞋子,鞋跟不宜过高,并应符合季节要求和保持清洁卫生。

二、预防运动伤害的主要要素

(一)适宜的运动负荷

运动负荷是指人体在运动时身体所承受的生理负荷,由负荷量和负荷强度两方面决定。量是指完成练习的数量、次数、组数、时间、距离和重量等;强度是指完成练习所用力量的大小和机体的紧张程度,包括动作速度、练习密度、间歇时间、负重重量、投掷距离、跳高高度、跳远远度等。

适宜负荷是指在体育运动中,适合运动者承受的负荷。主要表现在两个方面:一是运动者对负荷的可接受性,即运动者承担负荷的可能性;二是运动负荷的实效性,这是适宜负荷的核心内容,即运动者所承受的负荷必须切实有效地提高身体机能。

运动负荷太小,对机体的影响轻微,不足以引起人体生理功能的变化,运动效果不明显;运动负荷过大,易引起运动损伤或运动性疾病,反而有损身体健康。

因此,锻炼者要了解自身所承受的适宜负荷,并掌握测量与调控方法。目前,世界上具有代表性的测量方法是靶心率法。

1. 靶心率计算方法

靶心率计算公式:(最大心率－静态心率)×(60%～80%)＋静态心率

最大心率:目前最流行的理论是:220－实际年龄＝最大心率

静态心率:清晨起床前的心率,就是睡到自然醒以后还躺在床上没有进行任何身体活动时的心率,也称基础心率。测定的方法是用食指、中指、无名指轻按颈动脉处,测10秒钟的脉搏数,最好重复测2～3次(计算平均值)。

静态心率(次/分钟)＝10秒脉搏数(平均值)×6

例如:计算一名20岁学生的靶心率,静态心率为70次/分钟。用靶心率计算公式计算,即:[(220－20)－70]×(60%～80%)＋70。其靶心率为148～174次/分钟。

2. 灵活运用靶心率

在运动实践中,应学会用心率来调控运动负荷,不仅增加安全保障,也有益于保证运动效果。

一是健康而体质较好的人群,靶心率可以控制在120～180次/分钟,其中,

较小运动负荷,靶心率120～140次/分钟;

中等运动负荷,靶心率140～160次/分钟;

较大运动负荷,靶心率160～180次/分钟。

当运动时心率超过靶心率,应适当放慢速度和减小动作幅度;当心率过慢时,应适当加快速度和加大动作幅度。

二是如患感冒等疾病期间,或在天气闷热、阳光暴晒等环境,或处于睡眠不足等情况,运动负荷要相应降低,靶心率指标亦相应降低;相反,随着有氧运动能力的提高,靶心率也相应提高。

三是为使运动产生良好的效应,如果有条件事先通过运动试验,得到针对个人有氧运动的靶心率数据,则更安全有效。

为了使机体产生更好的运动累积效应,建议每次有氧运动维持时间应超过10分

钟,最好能够持续30分钟以上;而且至少隔天运动1次,最好为每周运动5～6次;运动负荷应达到中等程度140～160次/分钟。

(二)适宜的准备活动

准备活动(也称热身运动)是体育运动进行的前奏,是为克服内脏器官生理惰性,加速进入工作状态而进行的身体练习,为即将进行的剧烈运动做好生理上、心理上的准备(图2-6)。

1. 准备活动的内容(包括一般性准备活动和专门性准备活动)

一般性准备活动,是指全身性的身体练习。包括跑步、摆腿、压腿、拉伸、定位操、行进操、肋木操等,以提高整体代谢水平和大脑皮层兴奋状态。

专门性准备活动,是指与所从事的体育运动内容相适应的练习。如篮球比赛前,除一般性准备活动外,还要做球操、投篮、运球等专门性练习;50米体质测试前,除一般性准备活动外,还要做小步跑、高抬腿、车轮跑、后蹬跑和加速跑等专门性练习。

图2-6　热身准备活动

2. 准备活动的时量(图2-7)

实践证明,充分的准备活动,对体育运动的完成以及急性损伤的避免具有重要意义。准备活动的时量因运动任务、内容、时期、机能水平不同而不同。

准备活动的目的是使运动机体的体温、肌温升高,毛细血管扩张,血流量增加;使运动机体的肌肉、韧带的黏滞性下降,使肌肉弹性和酶活性提高。实践证明,准备活动结束时的心率达到100～120次/分钟为适宜。

适宜的准备活动还应掌握如下四个要点:

(1)气温较低时,准备活动时间应相对延长,气温高时则相应缩短;

(2)精力充沛时,可适当缩短,体力弱、状态差时可适当延长;

（3）大强度负荷时，不仅时间延长，且要充分，强度小时则相对短些；

（4）将一般性准备活动和专门性准备活动有机结合，提高准备活动效果。

肩绕环运动　　　　　　　　伸展运动　　　　　　　　膝关节绕环

弓步压腿　　　　　　　　　　　手腕脚腕活动

图 2-7　准备活动图例

（三）适宜的整理活动

整理活动（也称放松运动和恢复运动）是指在体育运动后的一系列放松练习（图 2-8），如慢走、深呼吸、拉伸、按摩、温水浴等，以放松肌肉、消除疲劳、恢复体能为目的。如果激烈运动后立即静止不动，不仅不易消除疲劳，还会造成暂时性贫血，产生心慌、晕倒等一系列不良现象，对身心健康造成伤害。

图 2-8　运动后的整理活动

1. 自我检查

运动后,如果感到十分疲劳,四肢沉痛,出现心慌、头晕,说明运动负荷过大,需要调整与休息。合理的运动负荷,整理活动后会感到全身舒服、精神愉快、体力充沛、食欲增加、睡眠良好。

2. 补充能量

参加体育运动要消耗大量的能量,所以在运动前后要科学饮食,适当补充能量,保证身体恢复的营养需要。体育运动时的大部分能量来源是机体存储的糖原和脂肪,运动前后补充能量以碳水化合物为主。

建议运动前一小时,适当进食,如燕麦、香蕉、全麦面包、巧克力牛奶等;运动半小时后,可摄入水果、蔬菜、果汁及高蛋白食物等。

第四节　常见运动伤害的项目特点

常见运动伤害
的项目特点

一、易发运动损伤部位与项目

运动过程中发生的各种运动损伤,其损伤部位和类型与运动项目以及专项技术特点有关。不同的运动项目对身体各部位的负担量和技术要求不同,因而所造成的运动损伤也存在不同的特点。下面介绍十大主要部位(图2-9)。

(一)头部

头部是指人体脖子(颈椎)以上的所有器官(包括颅和面部)。在篮球、排球、足球、格斗、拳击、跆拳道、滑雪等项目中,因冲撞、击打等易发生皮肤擦伤、挫伤等。

(二)肩部

肩关节是人体活动范围最大的关节,也是稳定性相对较低的关节,在投掷、游泳、形体、大小球、水上运动等项目中,因动作重复过度,或活动超出正常生理范围等,易发生韧带拉伤、习惯性脱臼、肩周炎等。

(三)肘部

肘关节是人体运动最重要的关节,在网球、羽毛球、棒球、高尔夫球、投掷、排球等项目中,因技术不正确、局部负担过重等原因,易发生伤筋、肘关节脱位、网球肘等。

(四)腹部

腹部是人体运动核心区域的重要部位,在篮球、足球、武术、跆拳道、拳击、格斗等

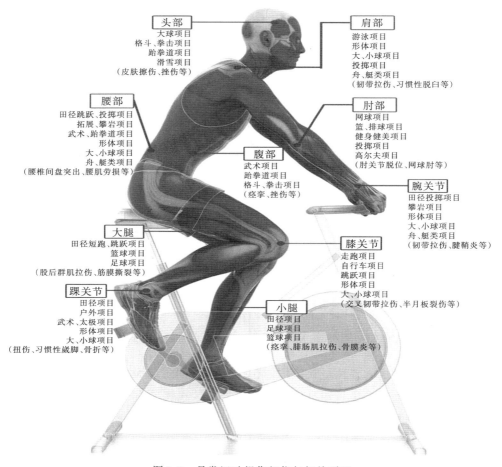

头部
大球项目
格斗、拳击项目
跆拳道项目
滑雪项目
(皮肤擦伤、挫伤等)

肩部
游泳项目
形体项目
大、小球项目
投掷项目
舟、艇类项目
(韧带拉伤、习惯性脱臼等)

腰部
田径跳跃、投掷项目
拓展、攀岩项目
武术、跆拳道项目
形体项目
大、小球项目
舟、艇类项目
(腰椎间盘突出、腰肌劳损等)

肘部
网球项目
篮、排球项目
健身健美项目
投掷项目
高尔夫项目
(肘关节脱位、网球肘等)

腹部
武术项目
跆拳道项目
格斗、拳击项目
(痉挛、挫伤等)

腕关节
田径投掷项目
攀岩项目
形体项目
大、小球项目
舟、艇类项目
(韧带拉伤、腱鞘炎等)

大腿
田径短跑、跳跃项目
篮球项目
足球项目
(股后群肌拉伤、筋膜撕裂等)

膝关节
走跑项目
自行车项目
跳跃项目
形体项目
大、小球项目
(交叉韧带拉伤、半月板裂伤等)

踝关节
田径项目
户外项目
武术、太极项目
形体项目
大、小球项目
(扭伤、习惯性崴脚、骨折等)

小腿
田径项目
足球项目
篮球项目
(痉挛、腓肠肌拉伤、骨膜炎等)

图2-9　易发运动损伤部位与相关项目

项目中,因动作不规范、抬腿过高等,易发生挫伤、撞伤、肌肉痉挛等。

（五）腰部

腰部是人体运动核心区域的最重要部位,在田径、户外拓展、攀岩、武术、跆拳道、水上运动等项目中,因运动不当、用力过度、持续时间过长等,易发生急性拉伤、慢性腰肌劳损、腰椎间盘突出等。

（六）大腿

大腿是指人体下肢从臀部到膝盖的部位,在田径（短跑、跨栏、跳跃）、篮球、足球等项目中,因肌肉力量不足、爆发性用力过强等,易发生股后群肌拉伤、股四头肌挫伤等。

（七）小腿

小腿是指人体膝关节以下、踝关节以上的部位,在田径、户外运动、足球、篮球等项目中,因场地过硬、运动量过大等,易发生腓肠肌拉伤、肌肉痉挛、骨膜炎等。

（八）腕关节

腕关节是骨块多、韧带多,血管、肌腱、神经丰富的关节。在田径投掷、攀岩、健美操、篮球、排球、龙舟、赛艇、皮划艇等项目中,因直接或间接暴力撞击或负荷过度,易导致局部劳累等发生急性扭伤、慢性劳损、韧带拉伤、腱鞘炎等。

（九）膝关节

膝关节是人体最复杂的关节,是人体承受运动量最大的关节,所以它很容易损伤。尤其在爬山、快走、跑步、自行车、跨栏、跳跃、足球、篮球等项目中,因摔倒、运动幅度过大、运动时间过长,或内部疾病等,易发生交叉韧带拉伤、半月板裂伤、疲劳性损伤等。

（十）踝关节

踝关节扭伤较常见,尤其外侧副韧带损伤,多数是由间接外力所致。在田径、武术、足球、篮球、攀岩、轮滑和其他户外运动等项目中,因场地不平整、动作技术不正确（踩脚）、用力过大等,易发生扭伤、习惯性崴脚、骨折等。

二、易引发运动性疾病与项目

运动过程中发生的各种运动性疾病,与运动项目、运动负荷安排及膳食等有关,不同的运动项目对身体负荷量与负荷强度的要求不同,因而引发的运动性疾病也存在不同的特点。下面介绍八种运动性疾病。

（一）肌肉痉挛

长时间的剧烈运动,或大量排汗,或寒冷刺激,易引发肌肉痉挛。常见于游泳、篮球、足球、举重、长跑等项目(图2-10)。

（二）运动性疲劳

运动负荷过大,或安排不当,或恢复缺乏,易引发运动性疲劳。常见于篮球、自行车、体操、划船、游泳、长跑等运动项目(图2-11)。

图 2-10　运动员运动后肌肉痉挛

图 2-11　疲劳

（三）运动性中暑

在高温、高湿和通风不良的环境中进行长时间运动时易发生运动性中暑。常见于马拉松跑、长距离跑、铁人三项、足球等项目。

（四）运动性贫血

大强度运动引起的红细胞破坏，运动中大量出汗增加了铁的流失等原因，易引发运动性贫血。常见于短跑、长跑和超长跑等项目。

（五）运动性昏厥

剧烈运动后突然停止活动，会使回心血量减少，脑部缺血而引起昏厥。常见于游泳、长跑、足球等项目。

（六）脑震荡

头部受到直接暴力打击、撞击或在运动中头部受到间接震荡,可导致脑震荡。常见于篮球、足球、橄榄球等项目。

（七）运动性腹痛

运动基础差、准备活动不充分、进食后立即运动和空腹等引起或诱发的腹部疼痛(图2-12)。常见于长跑、竞走、自行车、足球等项目。

图2-12　运动员腹痛

（八）过度紧张

运动较少、运动水平低、缺乏运动经验、运动负荷超过人体的承受能力而导致心理上压力过大和生理功能紊乱,会引发过度紧张(图2-13)。常见于短跑、中长跑、马拉松跑、游泳、滑冰、自行车、足球、篮球、拳击、举重等项目。

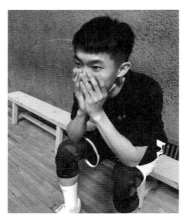

图 2-13　参赛运动员过于紧张

第五节　养成良好的运动卫生习惯

养成良好的运
动卫生习惯

良好的运动卫生习惯是预防运动损伤和运动性疾病的重要因素，是取得运动成效的重要保证。下面介绍十个注意事项。

1. 运动后，不宜大量饮水

饮水过多会使血液的渗透压降低，破坏体内代谢平衡，影响人体正常生理功能，甚至会发生肌肉痉挛现象。

饮水过多会使胃肠充盈，妨碍膈肌活动，影响呼吸。

饮水过多会使血液循环流量增加，加重心脏负担。

因此，运动后5～10分钟再饮水（出汗量大的运动后应补充含盐的饮用水），避免喝含有咖啡因的饮料。

2. 运动后，不宜饮酒吸烟

剧烈运动后饮酒会使身体更快地吸收酒精成分，使之进入血液，对肝、胃等器官造成损害。长期如此可能会引发脂肪肝、肝硬化、胃炎、胃溃疡等疾病。

剧烈运动后吸烟会对身体造成严重伤害。剧烈运动后身体的新陈代谢加快，这时吸烟会使大量的烟雾、焦油、尼古丁、一氧化碳进入人体内，此时机体本应需要大量氧气但却得不到满足，因此身体更容易受有毒物质的危害。

3. 进餐后，不宜立刻运动

餐后马上进行激烈运动，会使正在参与胃肠消化的血液重新分配，流向肌肉等器

官,从而影响胃肠的消化和吸收。还可能因为胃肠的震动和肠系膜的牵扯而引起腹痛等。

因此,一般进餐时间与运动安排应至少间隔1小时以上。

4. 运动后,不宜立即进食

运动后人体的大量血液都在人体的肌肉中,而肠胃中的血液减少,此时的肠胃蠕动缓慢,如果运动后立即进食会影响食物的消化吸收,引起消化不良、慢性胃炎等肠胃疾病。

因此,在运动后应当休息30分钟左右(大运动量后45分钟)再进食。

5. 运动后,不宜立即洗澡

人在运动时,流向肌肉的血液增多,心率加快。当运动停止后,血液的流动集中性和心率虽有所缓解,但仍会持续一段较长的时间,如果立即去洗澡,流入皮肤及肌肉内的血液量会增加,导致心脏及大脑血液供应不足,诱发心脏病等疾病。

6. 运动后,不宜蹲坐休息

运动后马上蹲下休息,不利于下肢血液回流,影响血液循环,易造成脑缺氧,甚至出现休克晕厥等现象。

7. 运动后,不宜大量吃糖

运动后吃过多甜食会使体内的维生素B_1大量消耗,会感到倦怠、食欲不振等,影响体力的恢复。因此,剧烈运动后最好多吃一些含维生素B_1的食品,如蔬菜、水果、蛋等。

8. 雾霾天,不宜户外运动

雾霾天空气的污染比平时要严重得多。剧烈运动时,呼吸加快、加深。因此,吸进身体内的有害气体会明显增多。另外,雾霾天锻炼也容易诱发心脑血管疾病。

因此,平时有户外锻炼习惯的人,雾霾天气应暂停户外锻炼,尤其是心肺功能锻炼,如长跑等。

9. 情绪不佳时,避免剧烈运动

运动医学专家认为,人的情绪直接影响着身体的生理机能,情绪的变化产生于大脑深部,并扩散到全身,在心脏及其他器官上留下痕迹,这种痕迹将影响人体机能的健康。因此,情绪不好时,应避免剧烈运动。

10. 女生月经期,避免剧烈运动

月经期应避免做剧烈的、大强度的或动作幅度大的跑跳运动(如疾跑、跳高或跳远等),应适当减轻运动负荷,运动的时间也不宜过长,不宜游泳、不宜受寒冷刺激等。

第三章　自我医务监督

　　自我医务监督是指锻炼者参加运动时依据简易的医学检验方法和运动后自己的主观感觉,对自身的生理机能和健康状况进行观察和评定的一种方法。通过自我医务监督,锻炼者能及时了解自己在锻炼过程中生理机能的变化,客观地评定运动负荷的大小,及早发现运动性疲劳,预防运动伤病。自我医务监督能为合理安排教学、锻炼的内容和方法,以及修订体育锻炼计划提供依据,也可为医生体格检查提供参考。自我医务监督也能更有效培养科学的体育锻炼方法和良好的卫生习惯,遵守体育锻炼的卫生原则,避免和减少运动伤病的发生;保证体育教学和运动训练的顺利进行,使人们从中受益,获得更大运动成效。

第一节　自我医务监督目的与意义

养成良好的运动卫生习惯

一、自我医务监督的目的

　　通过自我医务监督,锻炼者运用医学知识和方法对自身的健康和身体机能进行监护,对自身健康状况和生理功能变化做连续观察并定期记录,预防锻炼中可能对身体造成危害的各种有害因素。其目的在于及时了解自己在锻炼过程中生理机能的变化状况,评价锻炼结果,调整锻炼计划,防止过度疲劳和运动性损伤,更有利于提高健康水平。

二、自我医务监督的意义

（一）体育锻炼实践中的生理和病理区分

在健身锻炼的初级阶段,注意观察人体的一些适应性变化,注意与某些疾病症状

加以区别,有助于取得良好的健身效果。如果不遵循人体对运动适应的生理规律,不但不能获得健身所带来的众多益处,反而会给人体带来一定的危害。

2. 对体育锻炼者的身体机能状况进行评定

医学检查和身体素质检查,能够综合地评定锻炼者的身体机能状态和对运动的适应能力,为科学的健身锻炼提供依据。自我医务监督一般可采用较简单的方法和指标,如测量身高、体重、围度、脉搏、血压、身体成分、肌力(握力、背力)、反应时长,进行台阶实验,检查血常规等。

3. 预防运动性疾病

运动性疾病是指由运动引起的或与运动直接相关的疾病。常见的有运动中腹痛、肌肉痉挛,运动诱发的心绞痛等。通过自我医务监督,锻炼者能预防运动性疾病的发生。

第二节　自我医务监督内容与方法

自我医务监督的内容

一、自我医务监督的内容

自我医务监督的内容包括主观感觉和客观检查。

(一)主观感觉

1. 一般感觉

经常运动的人总是体力充沛、精神愉快,但过度训练就会感到软弱无力,精神萎靡不振,易疲劳,易激动。可根据自己的情况,记录为良好、一般、不好。

2. 运动心情

运动心情是反映学生有无运动欲望的指标,运动欲望取决于学生的身体机能状况。身体机能正常时,精神饱满、体力充沛,渴望运动。如果健康状况不佳或过度训练时,就会出现心情不佳、厌烦运动的征象,尤其表现为恐惧参加紧张训练和比赛。可根据具体情况在自我监督表中记录,如渴望参加运动、厌烦参加运动、恐惧参加运动等。

3. 不良感觉

不良感觉是运动中或运动后,除疲劳(如乏力、肌肉酸痛)以外的其他不正常感,如异常的疲劳,感到恶心甚至呕吐、头晕,以及身体某些部位疼痛。出现不良感觉,说明机能下降、体力不佳或患有疾病。观察学生在运动过程中的不良反应,体育教师可及时发现问题,尽早查明原因,并采取相应措施。不良感觉的具体内容,可根据具体情况填写。

4. 睡眠情况

睡眠状况是反映神经系统功能状态的指标。当运动负荷超过机体的负担能力时,首先反映在神经系统方面。早期主要表现为睡眠模式的改变。好的睡眠状态是入睡快,醒后精力充沛。如果入睡迟、夜间易醒、失眠,睡醒后仍感疲劳,表明运动负荷超过机体的负担能力,或机体已疲劳,需要调整。在自我监督表中可填写良好、一般、入睡迟、夜间易醒、失眠等。

5. 食欲情况

食欲是反映中枢神经系统是否疲劳的较敏感指标之一。体育运动时能量消耗大,所以运动后应食欲良好。如果运动后不想进食,食量减少,并在一定时期内不能恢复食欲,检查未有其他发现时则表明中枢神经系统已疲劳。此阶段机体的胃肠消化和吸收机能下降,身体机能和健康状况也较不好。自我监督表中应填写食欲、食量等情况。

6. 排汗量

运动时排汗量的多少与运动量大小、训练程度、饮水量、空气温度、湿度、衣着厚薄以及神经系统状况有密切关系。排汗量有比较明显的个体差异,不同个体间比较意义不大。观察排汗量指标时,应特别注意夜间睡眠是否有出大量冷汗的现象。睡眠中出大量冷汗,中医称之为盗汗,是身体疲劳或自主神经系统功能紊乱的表现,也可能是内脏器官患病的征象,应加以注意。自我监督记录时可以记下汗量正常、减少、增多、夜间出冷汗等情况。

7. 体征

锻炼时的外部体征,一般可从以下三方面观察:精神(锻炼者的精神、表情、言语、眼神、注意力等)、躯体(面色、呼吸、嘴唇、排汗等)、动作(动作质量、准确性、步态等)。运动量适宜时,锻炼者一般表现为精神良好、面色稍红、步态轻快等。运动量过大时,锻炼者一般表现为面色红、气喘、满脸流汗、精神差、眼神无光、反应迟钝、动作不稳等,此时运动必须减量。

8. 其他情况

在过度运动后,由于疲劳,男性可能会出现遗精的现象,女性也可能在一段时期内出现月经不调、痛经等情况。总之,在锻炼前、中、后期所出现的一些特殊感觉都要记在监督日记上,供指导人员参考。

运动量过小的表现:运动后身体无汗、无发热感,脉搏也无大的变化,在运动后

2～3分钟即恢复至安静状态。

运动量适宜的表现:锻炼后有微汗,轻松愉快,感觉良好,睡眠、食欲良好,或虽然稍感疲乏、肌肉酸痛,但休息后会很快消失,次日体力充沛,渴望锻炼。

运动量过大的表现:锻炼后大汗淋漓,头晕眼花,胸闷,身体疲倦,睡眠差,食欲下降,脉搏在运动后15分钟尚不能恢复,次日仍觉乏力,不想锻炼。这些表明运动量过大,此时应注意减少运动量。其症状具体表现为:(1)出现胸闷胸痛、晕眩等症状;(2)出现心悸、头晕,血压明显上升或下降;(3)明显的呼吸困难、嘴唇发紫、脸色苍白、出冷汗、头晕、恶心、呕吐等;(4)四肢肌肉酸痛、关节疼痛、步态不稳、动作不协调等。

(二)客观检查

1. 脉搏

脉搏次数和训练水平有密切关系。如果其他因素相同,脉搏减少,说明训练水平提高。在自我监督中常用早晨脉搏来评定训练水平和身体的机能情况,若早晨脉搏逐渐下降或不变,说明身体反应良好,训练有潜力;若每分钟增加10次以上,说明身体反应不良,要找出原因,及时处理。记录为每分钟的脉搏数,每天记一次。

2. 体重

参加体育锻炼后,体重可能有三种变化:第一种是刚参加训练的人,身体里水分和脂肪大量消耗,体重下降。第二种是经过一段时间的锻炼,体重比较稳定,运动后减轻的体重能逐渐恢复。第三种是长期坚持锻炼的人,肌肉逐渐发达起来,体重有所增加,而且保持在一定水平上不变。进行医务监督,最好每周测量体重一次,最好在早晨测量,填上公斤数。也可在运动前后分别测量体重,以体重的差数观察运动量掌握的情况。

3. 肺活量

运动能使呼吸功能显著增强,肺活量的大小在一定程度上往往反映出呼吸功能的好坏。经常参加体育锻炼,能使锻炼者肺活量增加,但是在过度疲劳时,肺活量就会减少。没有肺活量计的地方,也可用呼吸次数来大概比较。

4. 运动成绩

坚持合理锻炼,运动成绩会逐步提高,也可保持在很高的水平上。如果运动水平没有提高甚至下降,动作的协调性逐渐变差,这可能是早期过度训练的结果,应引起注意,适当休息或调整运动量。

5. 肌力检查

机体良好时,肌力会不断增加或稳定在一定水平上,如果肌力明显下降则说明运动员疲劳。肌力的测定可根据具体情况选择不同的方式。如,测试握力、背力及计算机测力等。除上述几种客观指标外,还可根据设备条件和专项特点定期测定其他的生理指标。

女生还要记录月经的情况,如运动后月经量多少,经期长短,有无痛经等。

运动员应逐日进行自我监督,体育爱好者可隔一两天进行一次。发现记录不正常,要进一步分析了解,必要时调整运动负荷和运动方法。体育爱好者和运动员要学会记"运动日记"的方法,每天将自己参加运动锻炼或运动训练的情况,以日记的形式记录下来,每月请老师或医生进行分析。

二、自我医务监督的方法

自我医务监督可以用专门的自我医务监督表记录,推荐把各项指标记录下来,内容可以包括:参加运动的内容、运动的时间、运动强度、运动中的体会收获、存在的问题,同时记录机体对运动的反应。这样做的目的是将运动训练安排与身体反应有机地结合起来观察,更便于发现问题、总结经验。

自我医务监督也可以用表格的形式进行记录,如表2-1所示。

表2-1　自我医务监督记录

主观感觉指标类			
运动心情	渴望参加运动	厌烦参加运动	恐惧参加运动
不良感觉	恶心	眩晕	胸痛等
睡眠	良好	入睡困难	失眠
食欲	良好	不佳	减少
排汗量	一般	增多	盗汗
自我疲劳程度感受	轻松或稍累	累或很累	精疲力竭
客观检查指标类			
脉搏	次/30秒	节律	晨搏　次/分
体重	千克		
肌力	千克		

上述各项指标,除具体数字外,可用"√"标记表示。

自我医务监督表中填写的内容,如食欲、睡眠,都是前一天和当日清晨的情况。自我监督表中的某些内容,如晨脉、自我感觉、食欲等,必须每天填写。有的指标如体重,可以一周或半月测一次。自我医务监督工作是系统的运动训练医务监督工作的一部分,是体育教师与学生之间交流的有效渠道,也是提高我国大学生身体素质和大学体育教师工作水平的基础工作。自我医务监督指标的变化,可较客观地反映学生的身体机能状况、疲劳程度,因而也是科学安排训练的重要参考依据。系统地开展自我医务监督工作,也有利于体育教师及时总结经验,纠正错误,将运动训练中获得的经验上升为理论,从而大大提高体育教师对训练规律的认识。此外,自我医务监督工作无须任何投入即可完成,所以,在所有的体育课班级、训练队中,系统地开展运动员自我医务监督工作,势在必行,责无旁贷。

第三节　自我医务监督指标及应用

自我医务监督
指标及应用

身体机能评定是一个多指标、多层次、多因素的综合评定体系。可根据评定的目的和测试对象的年龄、运动专项、训练水平等具体情况选择测试指标,并依据运动生理、生化原理,对测试结果做出客观、全面、科学的综合评定,从而科学地指导运动训练,并提高运动效果。

目前,适用于运动员身体机能评定的生理、生化指标涉及心血管、内分泌、免疫系统、氧的转运及利用能力、骨骼肌及组织损伤、物质能量代谢及代谢调节能力、神经系统等多个方面,评定方法的可靠性和准确性也愈来愈高。综合评定时应根据评定的目的、项目特点、运动训练水平等情况,以及测试条件来选择和确定指标。各项生化指标应具有自身的独立性,能从不同的侧面较敏感地反映运动负荷或机能的变化;还应具有最佳的指标组合,既简单实用,又可相互补充,以便进行较全面的评价。同时采用心率、血乳酸、尿蛋白、血尿素值等多项指标进行综合评定,既可较为全面地评定运动负荷的大小,又可客观地了解机体对负荷的适应和恢复情况。因此,通过多项生理生化指标的测试与分析,能够较为客观地诊断运动员的机能状态,对科学安排训练,预防过度疲劳和运动损伤的发生具有重要的作用。

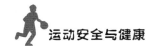

一、心血管系统的自我医务监督

(一)脉搏

人们发现在运动过程中,在一定范围内脉搏与吸氧量、人体的做功能力呈线性相关。因此,运动过程中脉搏的快慢能反映运动强度的大小;安静状态下,脉搏可反映机体的恢复程度。运动实践中人们常把脉搏作为反映运动机能状态的窗口。

1. 安静时脉搏

参与耐力项目训练的学生,常出现窦性心动过缓的现象,即安静时脉搏低于每分钟 60 次,这在多数情况下是机能状况良好的表现,是对长期系统运动训练的适应。例如,我国优秀运动员窦性心动过缓发生率为 55.29%,运动员安静时心率最慢可达每分钟 37 次。安静时心动过于缓慢时,应注意与病态窦房结综合征的区别。

2. 晨脉

晨脉即基础脉搏,是清晨起床前清醒状态下卧位的脉搏数。其特点是较为稳定,且随运动持续年限延长、训练水平提高而适当减慢。如果基础脉搏突然加快或减慢,常常提示身体过度疲劳或有疾病存在,此外,应特别注意有无间歇,是否匀称,如出现间歇应及时查明原因。

3. 运动中的心率

运动中监测心率主要用于判断机体的疲劳程度和控制运动强度。

(1)判断机体的疲劳程度:定量负荷时、在完成规定的成套动作时,心率较平时明显增加,说明学生机能水平下降或机体已经疲劳。

(2)控制运动强度:用心率控制运动强度,要因人而异,因运动目的不同而有所不同,例如发展速度还是发展耐力,发展无氧耐力还是发展有氧耐力,均有所区别。具体应用方法如下。

在重复训练中根据脉搏的变化调整强度。重复训练中常要求运动员在规定的时间内完成同样的距离。运动的强度保持在一定范围内、一定时间内完成一定的距离时,运动员的脉搏数值也应当相对稳定。如果脉搏数值下降,说明运动机能水平提高,可增加强度,促使运动水平不断提高。反之,脉搏数值上升则说明机能水平下降,或强度过大,应根据运动员的具体反应不断调整运动强度。

在耐力训练中调整或控制运动强度。各国运动医学、运动生理学的研究证实,要提高运动员的心肺机能水平和 VO$_2$Max(最大摄氧量)水平,训练强度必须达到一定的阈值,如达到一定的乳酸阈值、心率阈值。换言之,这一阈值可以反映在心率上。

4. 运动后心率

在定量负荷后的规定时间内测定运动员心率的恢复速度,也可反映运动员的疲劳程度。身体机能良好时心率恢复较快,而疲劳或过度疲劳时则恢复速度减慢。

(二)血压

血压是大动脉血管内血液对血管壁产生的侧压,它是由心室射血和外周阻力两者互相作用的结果,也是反映运动员机能状态及疲劳程度的常用指标。

1. 晨血压

身体机能良好时,晨血压较为稳定。若安静时血压比平时升高20%左右且持续两天以上未恢复,往往是机能下降或疲劳的表现。

2. 运动状态下血压

一般情况下,收缩压随运动强度的加大而升高,舒张压不变或有轻度的上升或下降。但出现以下情况说明运动员机能下降或疲劳:运动时脉压差增加的程度比平时减少,出现梯形反应,出现无休止音,运动中出现无力型反应。

二、呼吸系统的自我医务监督

1. 最大吸氧量的概念

最大吸氧量是指在极限的肌肉活动情况下,呼吸循环功能达到最高水平时,单位时间所能摄取和利用的最大氧量。

最大吸氧量是反映人体在极量运动负荷时心肺功能水平高低的一个主要指标,也是评估身体工作能力的重要依据,在运动医学中被广泛地应用。最大吸氧量测定方法可分为两类:第一类是直接法,直接测定法又可分为运动场上测定法和实验室测定法。第二类是间接法,间接法是利用自行车测功计、活动平板、台阶实验等进行亚极量负荷后,根据其吸氧量、心率等数值推算最大吸氧量的方法。一般认为,训练有素的高水平运动员应尽量用直接测量法,普通大学生、心肺病患者或受其他条件限制的患者,则多采用间接测定法。

2. 最大吸氧量的评定

最大吸氧量受多种因素,诸如民族、性别、年龄、遗传和训练等的影响。一般来说,男性、女性在青春期前最大吸氧量无明显差别。性成熟后女子的最大吸氧量是男子的70%~75%;18~20岁男女青年最大吸氧量达到顶峰,之后逐渐下降;65岁的老人,最大吸氧量只相当于25岁青年人的75%。就运动员而言,从事耐力项目的运动员的最大吸氧量比从事其他项目的运动员高。最大吸氧量的绝对值和相对值对于不同项目有不同的意义。最大吸氧量的绝对值对于划船运动员的重要性比相对值要大;相反对于长距离跑运动员来讲,最大吸氧量的相对值可能更有意义。

三、身体状况指标

(一)血红蛋白

血红蛋白与氧运输能力密切相关,可以反映学生的身体状况,身体状况正常时会保持稳定,如果出现降低要注意查找原因,常见变化有:

1. 由于血液稀释,对运动负荷不适应时,运动者会出现暂时性贫血。

2. 营养补充问题、身体疲劳、疾病导致的贫血会长期存在。若继续坚持训练,多数人贫血问题不能改善。

3. 血红蛋白过高会导致血流速度减慢,不利于氧运输。

(二)尿蛋白

安静状态下,运动员的尿蛋白含量与一般常人无差别。运动引起的尿蛋白增加的现象,称为运动性蛋白尿。

1. 运动性蛋白尿的出现反映身体对训练负荷不适应,可能是对训练强度、训练量的不适应,也可能是精神压力、身体机能下降所引起的。

2. 尿蛋白水平个体差异很大,所以个体间的横向比较意义不大。

3. 运动性蛋白尿在调整训练负荷后会自然消失,不会对机体产生明显不良影响。

(三)血乳酸

乳酸是糖代谢(无氧糖酵解)的重要产物,主要用于监控训练强度,判断所进行的是有氧还是无氧代谢为主的强度训练。在运动后5分钟左右出现血乳酸峰值,在进行肌肉活动时其生成率和运动项目、训练水平、运动强度、运动持续时间、糖原含量、环境温度以及缺氧等因素有密切关系。

1. 用于有氧代谢能力的评定。在这种情况下需要得到一条负荷强度—血乳酸浓度曲线,曲线右移表示有氧代谢能力高,反之表示有氧代谢能力低。

2. 用于评价训练状况或者疲劳状况。大强度训练时所能达到的浓度水平越高,说明运动员的机能状况越好。

(四)血尿素

血尿素是蛋白质和氨基酸等含氮物质的分解代谢产物,经血液循环至肾脏排出体外。正常人安静时血尿素5~6毫摩尔/升。运动时肌肉中蛋白质及氨基酸的分解

代谢加强,尿素生成增多而使血液中含量升高。一般运动在30分钟以内时,血尿素变化不大,只有运动超过30分钟后血尿素含量才有较明显的增加,该指标可用于:

1. 反映机体的状态,身体机能差时,相同训练负荷下生成的尿素就多。

2. 监控训练安排的适应程度,可概括出三种变化情况。

——在训练期中,晨起时血尿素含量不变。说明运动量小,对身体刺激不大。

——在训练期开始时,晨血尿素上升,然后逐渐恢复至正常。说明运动量足够大,但身体能适应。

——在训练中晨血尿素逐日上升。说明运动量过大,身体不能适应。因此,在训练期可每天或隔天或大运动量训练后次日晨测定血尿素,来评定身体机能状态。由于个体差异,血尿素水平没有绝对标准,有游泳训练专家认为在一次训练课后,血尿素的增加超过3毫摩尔/升时,就是运动量过大,要注意调整运动量。

四、消除疲劳的常用方法

疲劳是一种生理现象,又是一种运动量的标志。从某种意义上说,体育锻炼是以疲劳为媒介而不断提高体能水平的。科学研究证实,疲劳与恢复是体育锻炼后的必然过程,如果大强度体育锻炼后不能采取消除疲劳的适当措施,疲劳就会积累,不仅使锻炼效果下降,还会成为疾病和伤害事故的诱因。所以体育锻炼后及时消除疲劳、恢复体力,才能提高体育锻炼的效果。消除运动性疲劳主要有以下几种方法。

(一)睡眠

睡眠是消除疲劳的最好方法之一。练习者应严格遵守生活作息制度,保证充足的睡眠时间。一般每天不少于8小时,并应安排一定的午休时间。大运动量和比赛期间,睡眠时间还可以适当增加。

(二)积极性休息

休息是除睡眠之外的消除疲劳的一种积极手段。对由于锻炼和运动引起的肌肉和精神疲劳有良好的缓解作用。积极性休息的方法和内容有很多,如在公园、湖滨或海边散步,听音乐,观看演出,钓鱼,下棋和参观游览等,可根据条件和个人爱好选择安排。

(三)按摩

按摩是消除运动性疲劳的重要手段之一。一般采用人工手法按摩,进行全身或局部的按摩,有损伤的还可以兼作治疗,均有良好效果。有条件的还可以采用机械按摩,目前国内外使用的还有气压按摩、振动按摩和水力按摩,对放松肌肉、消除肌肉酸痛和恢复体力效果较好。

（四）物理疗法

训练后采用淋浴和局部热敷是一种简易的消除疲劳的方法，淋浴时水温不能过高，一般以温水浴（水温40℃左右）为佳，时间以15～20分钟为宜。温水浴有良好的镇静作用，能促进血液循环和放松肌肉，以达到消除疲劳的目的。如有条件，还可以采用蒸汽浴、干燥空气浴和旋涡浴等恢复手段。热敷能减少肌肉中酸性代谢产物的堆积，消除肌肉僵硬、紧张以及酸痛。热敷的温度以47℃～48℃为宜，时间约10分钟。

（五）营养与药物

体育锻炼后合理的营养补充有助于疲劳的消除，运动以后应供应充足的热能，补充足够的蛋白质、维生素、无机盐和水。可服用维生素 B_1、B_6、C 和 E，中药黄芪、刺五加、人参、三七对促进疲劳的消除也有一定的效果。营养学研究证实，运动员可服用麦芽油与花粉，它们有消除疲劳和增强体力的功效。

（六）心理恢复法

心理恢复法包括心理调整、自我暗示、放松训练等手段。心理恢复法能减轻紧张情绪，放松肌肉，对消除疲劳和延迟疲劳的产生有良好的效果。

（七）氧气及负离子吸入法

大强度运动后血液中有大量酸性代谢产物，吸氧可以促进乳酸继续氧化，有利于代谢产物的消除，对消除运动性疲劳，特别是无氧运动后的疲劳恢复有一定的效果。负离子吸入有提高神经系统兴奋性、加强组织氧化还原过程的作用，有助于消除机体运动后的疲劳。

第四章　常见运动损伤处理与治疗

　　运动损伤是指在体育课、课外体育锻炼、体质健康测试以及运动竞赛过程中机体内部或外部所发生的损伤。本章重点讲解开放性损伤和闭合性损伤的原因、症状、处理与治疗方法，帮助同学们树立"安全第一、预防为主、防治结合"的科学健身观和运动安全观。

第一节　开放性损伤

开放性损伤

　　开放性损伤（open injury），是指受伤部位的内部组织（如肌肉、骨头等）与外界相通的损伤。简单地讲就是血液往外流出，或肌肉或骨头外露的创伤，如擦伤、撕裂伤、刺伤、切伤等。在体育运动中，常见的是身体失去平衡摔倒后与地面摩擦，或快速奔跑时摔倒，或踢足球倒地铲球，或相互之间碰撞，以及被器械伤害等导致损伤。开放性损伤，因伤口多有污染，如处理不及时或不当，易发生感染，影响愈合和功能恢复，因此治疗在于改善修复条件，促使及早愈合。

一、擦伤

　　1. 原因

　　擦伤是指机体表面与粗糙的物体相互摩擦而引起的皮肤表层损伤。

　　2. 症状（图4-1）

　　（1）伤口浅，面积大，边缘不整；

　　（2）表皮脱落，点状出血，组织液渗出；

　　（3）无感染时，伤口易干燥结痂而愈合；

　　（4）伤口感染后易化脓，有较黏稠的组织液渗出。

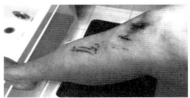

图 4-1　擦伤

3. 处理方法

(1)小面积擦伤:可用生理盐水(条件不足时也可用自来水)冲洗伤口,冲洗后涂 20%红药水或1%的紫药水或2%的碘酊进行消毒处理,一般无须包扎,让其暴露在空气中干燥即可,或贴上创可贴(图4-2)。

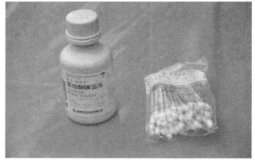

图 4-2　消毒水与创可贴

(2)大面积擦伤:出血较严重的首先需要止血,酌情采取冷敷法、抬高肢体法、绷带加压包扎法、手指直接点压止血法等方法进行处理;如嵌入较多的泥、沙等异物时,必要时需到医院进行伤口清洗、缝合、上药、包扎等处理,以免感染或流血过多。

特别提示:

1. 面部擦伤时不要用紫药水;

2. 红药水不要和碘酊同时使用,因为两者相遇可产生碘化汞,对皮肤有腐蚀作用;

3. 关节附近的擦伤经消毒处理后,多用消炎软膏或多种抗菌软膏涂抹,并用无菌敷料覆盖包扎。

二、撕裂伤

1. 原因

撕裂伤是指钝性暴力作用于体表,由于急剧牵拉或扭转,造成皮肤和皮下组织撕裂。多发于身体与硬性物的撞碰中(包括人与人之间),多见于眉弓、下颌部、头皮、面部等。因创口边缘多不整齐,大范围的撕裂伤伤口容易发生感染(图4-3)。

2. 症状

检查创伤时,应先观察病人的生命体征,再检查受伤部位和其他方面的变化。主要了解伤口的位置、形状、大小、边缘、深度,伤口出血的外露症状等,还有伤口的污染情况以及伤口内有无异物留存。运动中头部裂伤最多,约占整个裂伤的61%,其中额部和面部居多。如篮球运动中,眉弓被对方肘部碰撞即可引起眉际裂伤。

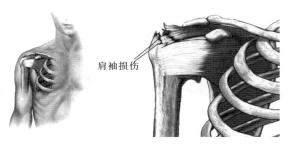

肩袖损伤

图4-3　撕裂伤内部图

3. 处理方法

(1)轻度撕裂伤:先压迫止血,用生理盐水清洗消毒创口后,用红药水涂抹或创可贴贴上即可;

(2)重度撕裂伤:当裂口较大时,如现场适逢有医疗条件,可进行清创缝合处理,并考虑注射破伤风抗毒素,服用抗生素;若无条件,可在止血后送医院治疗。

特别提示:

因意外事故所致的严重撕裂伤,如肌腱断裂、头皮广泛撕脱等,创面很大,处理过程复杂,一旦发生,现场难以处理,须一边止血,一边组织送医院治疗。

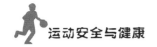
三、刺切伤

1. 原因

由尖细物插入引起的伤口均称为刺伤;用锐利物切开引起的伤口称为切伤。两种伤都会在不同程度上造成皮肤和皮下组织的破损。刺伤看起来就是皮肤上的一个小洞,而且血流得也很少,但伤口通常较深,有时会伤及小动脉、内脏。切伤又称切割伤,创口比较整齐,比较局限,可以通过受伤局部组织推测有无深部组织同时被切伤。刺切伤多是在运动中摔倒相互碰撞或器械伤害所致,可能会带来严重后果,因为伤口很可能被血凝块堵塞,或因伤口中有污染物残留,引发感染。如田径项目中的标枪、飞镖、钉鞋等都可能造成伤害(图4-4)。

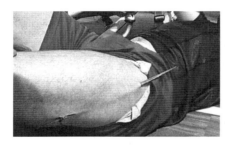
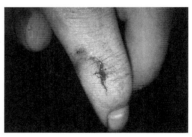

巴萨球员被利器刺伤　　　　　　　　运动员被器械切伤

图4-4　刺切伤

2. 症状

伤口可能会有出血和疼痛的症状,如有异物留存在伤口中,疼痛程度会加重;如脏器刺伤,可因内出血而出现面色苍白、血压下降、脉搏细速,甚至休克的情况;刺伤后手臂或腿部出现麻木感、麻刺感或乏力,可能是提示神经或肌腱受损;如伤口并发严重感染,可出现发热、寒战等相关菌血症表现。

3. 处理方法

假如有异物留在皮肤内,而自己可以除去,必须先洗净双手及伤口;假如大的异物刺进皮肤深处,最好不要随意挑动它,必须立刻送医救治,不然会引起疼痛或大量出血,而且也会使医生无法找到异物的位置。若被生锈的针或钉刺伤,很可能会感染破伤风梭菌,应及时就医。

(1)轻度刺切伤:可先用碘酒或酒精将伤口四周皮肤消毒,然后在伤口撒消炎粉,用消毒纱布覆盖,加压包扎;对于小的裂口,伤口消毒后可用粘膏黏合。

（2）重度刺切伤：裂口较长和污染较重者，应由医生做清创术，清除伤口内的污染和异物，切除失去活力的组织，彻底止血，缝合伤口。凡伤情和污染严重者，应口服或注射抗菌药物，预防感染（图4-5）。

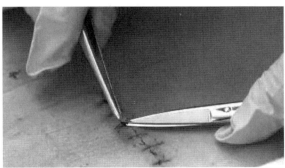

图4-5　刺切伤处理办法

特别提示：

1. 凡被不洁物致伤且伤口小而深者，应注射破伤风抗毒素1500～3000国际单位，预防破伤风的发生。

2. 对于较深的伤口，应扩创处理，避免深部重要组织（如血管、神经、肌腱等）和内脏器官损伤。

第二节　闭合性损伤

闭合性损伤是指伤部皮肤或黏膜完整无破损，无创口与外界相通，损伤后的出血积聚在组织内。受伤原因往往是受钝力作用，肌肉猛烈收缩，关节活动超越正常范围或劳损等。常见有扭伤、挫伤、拉伤、炎症、脱臼和骨折等。

下面分别介绍扭伤、挫伤、肌肉拉伤、运动性炎症、关节脱位与闭合性骨折的处理与治疗。

一、扭伤

扭伤是由于剧烈运动或负重持重时姿势不当、牵拉和过度扭转等，关节外面的韧带及皮肉筋脉受损，以致经络不通，经气运行受

扭伤

阻。临床主要表现为损伤部位疼痛肿胀和关节活动受限,多发于踝、膝、腰、肩、腕、肘等部位。对于不同部位的扭伤,其治疗方法也不同。

(一)踝关节扭伤

1. 原因

踝关节扭伤是体育运动中最常见的一种关节韧带损伤。在过度的强力内翻或外翻活动时,如行走在不平路面,高处跌下或跑跳时落地不稳,均可引起外侧或内侧韧带损伤,造成部分撕裂或完全断裂,甚至撕脱骨折。多发于篮球、足球、跳远、跳高、赛跑、滑雪和溜冰等运动中。

2. 症状

其临床表现为疼痛、肿胀。若及时加压包扎,20多天即可好转甚至痊愈;若不及时加压包扎,则50～60天也不一定好。有时可见皮下瘀血,压痛明显。撕脱性骨折,有骨擦音,透视可见到骨折程度,关节缝变宽(图4-6)。

图4-6　踝关节扭伤

3. 处理方法

发生踝关节扭伤时,不要一开始就按揉,应立即进行止血、压迫,早期可抬高患肢、局部冷敷,以缓解疼痛和减少出血、肿胀。24小时以后(重者48小时后)可外敷中药,每24小时换1次药物,同时可配合进行理疗、针灸或按摩。保护关节,防止反复损伤,若反复损伤会导致习惯性关节炎,即"足球踝"(图4-7)。

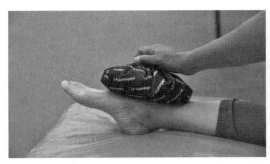
冰敷

凉水冲泡

图4-7 踝关节扭伤处理办法

4. 治疗方法

原理是制动和消肿散瘀,使损伤的组织得到良好的修复。关节积血较多者,应将积血在无菌技术下及时抽出,以免后遗关节内粘连;韧带断裂或撕脱骨折而影响关节稳定者,需进行手术复位修补,以免引起反复扭伤;关节软骨损伤和创伤性关节炎导致的踝关节扭伤者,应立即送至医院急诊科就诊。

(二)关节韧带扭伤

1. 原因

在运动中外力使关节活动超出正常生理范围,造成关节周围韧带的拉伤、部分断裂或完全断裂,被称作关节韧带扭伤。最容易发生的部位是膝关节侧副韧带,其次是肩关节、腕关节、肘关节、指关节。

2. 症状

关节韧带扭伤后,会出现局部肿胀、疼痛、压痛的情况,有皮下出血的可看见青紫区(图4-8)。

图4-8 关节韧带扭伤

3. 处理方法

早期正确处理关节韧带扭伤非常重要。因为韧带组织不易再生恢复,如果处理不当或误诊而转成慢性疾病,可能遗留功能障碍,且以后易再次扭伤。

急性损伤发生后,应立即停止活动,以减少出血。立刻用冷水冲洗损伤部位或用冰块冷敷局部以达到止血的目的,然后覆盖绷带加压包扎,防止肿胀(图4-9)。

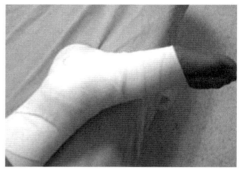

图4-9　韧带扭伤处理办法

4. 治疗方法

韧带完全断裂或怀疑并发骨折的,在加压包扎后必须请医生进一步检查和治疗。

经过24~48小时后,损伤部位的内出血已停止,这时可用温热毛巾热敷或按摩以消肿,并促进血液吸收。在进行温热敷时,温度不要太高,时间不宜太长,按摩时手法不宜太重,以免加重渗出、水肿,或发生再出血的情况。

为了促进关节功能的恢复,应注意动静结合,在没有疼痛感觉的前提下进行早期活动。基本痊愈后,应加强关节周围肌肉的力量练习,提高关节的相对稳定性。

(三)急性腰扭伤

1. 原因

运动时,身体重心不稳定,肌肉收缩不协调,腰部受力过重或脊柱运动时超过正常生理范围都易引起腰部扭伤。

2. 症状

表现为受伤一侧或两侧发生疼痛,有时听到"格格"的响声,有时出现腰部肌肉痉挛或运动受限。轻微扭伤当时无明显疼痛感,第二天起床时觉得腰部疼痛,不能前屈,用不上劲,损伤部位有明显的压痛点(图4-10)。

图4-10　急性腰扭伤

3. 处理方法

对于轻微扭伤,可按摩、热敷。较严重的,应让患者平卧,一般不应立即搬动。如果疼痛剧烈,应用担架抬送医院诊治。

4. 治疗方法

损伤早期不宜强行锻炼,应卧硬板床休息,避免进一步损伤;在组织修复疼痛缓解后,宜做背伸锻炼。后期宜加强腰部的各种功能练习,以防止粘连,并增强肌力。

二、挫伤

挫伤是指由钝器作用造成的以皮内或/和皮下及软组织出血为主要改变的闭合性损伤(图4-11)。挫伤的实质是软组织内较小的静脉或小动脉破裂出血,血液主要在皮下疏松结缔组织和脂肪层内。

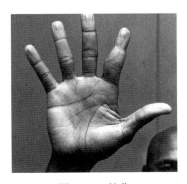

图4-11　挫伤

1. 原因

运动中碰撞或直接受到击打时所发生的组织损伤,如运动中相互冲撞、与器械碰撞。常见挫伤部位为大、小腿前部,头、腹、手指等。

2. 症状

单纯性挫伤(无出血现象)只在损伤部位有疼痛、肿胀、皮下出血等情况,皮肤变得青紫,会造成活动不便等。

(1)疼痛:与性质和程度、受伤部位神经的分布及炎症反应的强弱有关;

(2)肿胀:局部软组织内出血或炎性反应渗出所致;

(3)活动不便:引起肢体功能或活动的障碍;

(4)伤口或创面:据损伤的性质和程度不同,可能有不同深度或程度的伤口或皮肤擦伤等。

3. 处理方法(图4-12)

图4-12　挫伤处理方法

(1)轻度挫伤:只需局部制动、休息、抬高患肢,不需特殊处理,经冷敷处理24小时后可用活血化瘀叮剂,局部可用伤湿止痛膏贴上,在伤后第一天予以冷敷,第二天热敷,约一周后挫伤可吸收消失。

(2)重度挫伤:可局部外敷消肿镇痛药物,每日更换,口服舒筋活血药物,必要时使用预防性抗生素或抗炎药,同时谨防休克和肾功能改变。早期敷药的方法对软组织挫伤有很好疗效。患者往往在敷药后就能即时消肿镇痛,敷药时的绷带固定,不仅能保持关节于受伤韧带松弛的位置,暂时限制肢体活动,还有利于损伤韧带的修复,缩短治疗时间。

4. 治疗方法

若伤后肿胀仍未好转,应立即送医院治疗;有肌肉、肌腱断裂者,应将肢体包扎固定后,送医院治疗。

三、肌肉拉伤

肌肉拉伤是指肌肉主动强烈地收缩或被动过度地拉长所造成的肌肉微细损伤、肌肉部分撕裂或完全断裂,是最常见的运动损伤之一(图4-13)。

图4-13　运动员小腿部拉伤

1. 原因

肌肉在运动中急剧收缩或过度牵拉,会引起肌纤维撕裂而导致损伤,多在运动过度或热身不足使肌肉过度主动收缩或被动拉长情况下发生。在短跑、跨栏、跳远等运动中,大腿后肌群拉伤较为常见。

2. 症状

可以根据疼痛程度判断受伤的轻重。表现为伤处疼痛、肿胀,摸上去肌肉发硬,再活动时疼痛增加。严重的拉伤使肌肉断裂,其表现除上述症状外,伤处可能还会有凹陷或一端不正常膨大。

3. 处理方法

受伤后应立即停止运动。通过肌肉抗阻力试验来检查肌肉拉伤的部位。做法是让患者的受伤肌肉做主动收缩活动,检查者对该活动施加一定阻力,在对抗过程中出现疼痛的部位,即为拉伤肌肉的损伤处。

4. 治疗方法

根据具体情况而定,少量肌纤维断裂者,应立即给予冷敷,局部加压包扎,并抬高患肢,切忌搓揉及热敷(图4-14)。24~48小时后进行热敷、按摩、理疗和敷中药。肌肉大部分或完全断裂者,在加压包扎后应立即送去医院进行手术缝合(图4-14)。

挫伤与肌肉拉伤

图4-14 肌肉拉伤处理办法

四、运动性炎症和关节脱位

运动性炎症和关节脱位

(一)运动性炎症

1. 原因

平时体育活动少,肌体协调能力差,突然加大运动后,肌肉长期交替处于紧张状态,发生运动损伤或运动过度。常见的有肌腱腱鞘炎、骨膜炎(多见胫腓骨骨膜炎)和滑囊炎等。发炎是由于受过一次及以上的损伤或负荷过度引起。

2. 症状

表现为局部疼痛,运动时疼痛加剧,急性的还伴有充血肿胀、活动功能障碍。

3. 处理方法

急性的要停止活动,慢性的要减少运动负荷。

4. 治疗方法

理疗、按摩、敷中药,严重的可以考虑做手术。

(二)关节脱位

关节脱位(又称为关节脱臼)就是关节不在正常的位置上,引起关节不能活动、疼痛、肿胀的情况,常是外力的原因造成的。

1. 原因

在超过承受力的作用下,肢体骨与骨之间关节面失去正常的连接叫关节脱位。这种损伤分为完全脱位和不完全脱位,前者是关节面完全脱离原来位置,后者是关节面部分脱位。关节脱位一般都伴有软组织损伤。最为常见的是肩关节脱位。

2. 症状

局部严重疼痛、肿胀,关节失去正常连接,不能正常活动,关节脱位后肢体轴线发生改变,与另侧不对称。

3. 处理方法

如果伤者有剧烈疼痛感,要先止痛并防止因疼痛引起的休克,依据现有条件将伤者加以固定(例如用毛巾、手帕、腰带和木板树枝等进行固定),防止活动加剧损伤(图4-15)。

图4-15　关节脱位处理方法

4. 治疗方法

保持镇静,尽快送医院进行治疗,可采取按摩的手法复位,不得已时采用手术方法复位。手术后对伤处进行规范的固定,休息养伤。

五、闭合性骨折

骨折是指骨结构的连续性完全或部分断裂。常为一个部位骨折,少数为多发性骨折。经及时恰当处理,多数能恢复原来的功能,少数会有不同程度的后遗症。

骨折

1. 原因

身体某部位受到直接或间接暴力冲击,或肌肉强烈收缩所致。常见的骨折部位有尺(桡)骨、手指、胫(腓)骨和肋骨等。骨折分为完全性骨折(骨完全断裂)、不完全性骨折(骨未完全断裂)、闭合性骨折和开放性骨折(图4-16),是运动中一种比较严重的损伤。

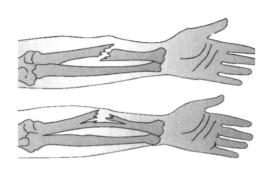

图4-16 闭合性骨折与开放性骨折

2. 症状

闭合性骨折的软组织损伤较轻,骨折愈合也较快;较严重时局部会发生疼痛、肿胀和皮下出血;骨的杠杆和支撑作用受到影响(例如下肢骨折多不能站立和行走);伤处变形,如肢体变短变粗,肢体发生非正常扭转等。发生骨折损伤应该及时去医院检查(X线检查、CT检查[计算机层析成像]、MRI检查[磁共振成像])和治疗。

(1)X线检查:凡疑为骨折者应常规进行X线拍片检查,可显示临床上难以发现的不完全性骨折、深部的骨折、关节内骨折和小的撕脱性骨折等。即使临床上已表现为明显骨折者,X线拍片检查也是必需的,可以了解骨折的类型和具体情况,对治疗具有指导意义。X线摄片应包括正、侧位片,必须包括邻近关节,有时需加摄斜位、切线位或健侧相应部位的X线片。

(2)CT检查:对于骨折不明确但又不能排除者、脊柱骨折有可能压迫脊髓神经根者及复杂骨折者均可进行CT检查。三维CT重建可以更直观便捷地进行骨折分型,对治疗方案选择帮助很大,目前临床上常用。

(3)MRI检查:虽然MRI检查显示骨折线不如CT检查,但对于脊髓神经根及软组织损伤的显示有独特优点,目前已广泛用于脊柱骨折的检查。

3. 处理方法

一旦出现骨折,切勿随意移动伤肢,而应先用夹板或其他代用品固定伤肢,动作要轻柔、缓慢,不要乱拉乱攃,以免造成错位,影响恢复。

如果是上肢骨折,可用木板托住伤肢,用绷带扎紧骨折处的上、下两端;如果是下肢骨折,先将伤腿轻轻放好,然后用宽布条或被单将两条腿缠在一起,慢慢抬到硬板担架上,送往医院救治;如果是头部、颈部或脊椎骨发生骨折,运送时就更要小心,以免损伤脑神经或造成肢体瘫痪。搬运时头部用枕头或衣服垫住,防止移动,固定好以后告知患者不要扭动伤肢,送往医院诊治时要注意做到迅速、平稳。

4. 治疗方法

骨折病人的典型表现是伤后出现局部变形、肢体等出现异常运动、移动肢体时可听到骨擦音。此外,也会出现伤口剧痛,局部肿胀、瘀血的情况,伤后出现运动障碍等。治疗骨折的最终目的是使受伤肢体最大限度地恢复功能。因此,在骨折治疗中,其复位、固定、功能锻炼这三个基本原则十分重要。

(1)复位:将骨折后发生移位的骨折断端重新恢复正常或接近原有解剖关系,以重新恢复骨骼的支架作用。复位的方法有闭合复位和手术复位。

(2)固定:骨折复位后,因不稳定,容易发生再移位,因此要采用不同的方法将其固定在合适的位置,使其逐渐愈合。常用的固定方法有:小夹板、石膏绷带、外固定支架、牵引制动固定等,这些固定方法称外固定。如果通过手术切开用钢板、钢针、髓内针、螺丝钉等固定,则称内固定。

(3)功能锻炼:通过受伤肢体肌肉收缩,增加骨折周围组织的血液循环,促进骨折愈合,防止肌肉萎缩;通过主动或被动活动未被固定的关节,防止关节粘连、关节囊挛缩等,使受伤肢体的功能尽快恢复到骨折前的正常状态。

通过以上学习,大家应该掌握了一些急性损伤的临床处理知识吧。对于开放性软组织损伤中的擦伤、小撕裂伤,应该学会自己处理。对于刺伤和切伤,要立即根据出血部位、出血特点,采取指压止血和绷带止血,严重受伤的应立即送往医院治疗。对于扭伤、挫伤、骨折等,应先观察,不要随意活动,以免加重伤情。

大家要加强运动保护意识,防止创伤的发生,在锻炼前应该充分做好热身活动,以达到提高肌肉的兴奋性的效果。

第五章　常见运动性疾病预防与处理

运动性疾病是指运动负荷安排不当、运动卫生知识缺乏、自我保健意识不强等多因素,造成体内功能紊乱所出现的疾病或症状。常见的疾病有:肌肉痉挛、过度紧张、运动性疲劳低血糖症、运动中腹痛、中暑、昏厥、运动性贫血等。

第一节　肌肉痉挛

肌肉痉挛

肌肉痉挛,俗称抽筋,指肌肉发生不自主地强直收缩,是运动中较为常见的一种症状。运动中最容易发生痉挛的肌肉是腓肠肌,其次是足底的屈拇肌和屈趾肌。多发生于运动时间长、运动强度大的运动项目,如游泳、足球、举重、长跑等。

(一)病因

1. 大量排汗

长时间剧烈运动时,特别是在夏季,由于温度过高,身体大量排汗,影响体内水盐代谢,电解质流失过多,使体内氯化钠含量下降,引起肌肉神经过度兴奋,细胞膜的电位不停地变化,出现肌肉痉挛。

2. 寒冷刺激

在气温较低的情况下进行体育活动,若准备活动不充分,肌肉突然受到寒冷空气(或冰凉的水)刺激时,就可能发生肌肉痉挛。

3. 局部肌肉负荷过大,肌肉收缩失控

大运动量或大强度训练后,肌肉连续收缩或长时间处于运动状态,肌肉收缩舒张失调,连续快速地收缩,放松时间太短,特别是局部肌肉负荷过大,或重复练习间歇时间短,容易使肌肉发生疲劳,引起肌肉痉挛。

4. 运动性肌肉损伤

肌肉在自身黏滞性较高时,如收缩过猛,会引起局部肌肉纤维及结缔组织的细微损伤,并伴有纤维痉挛。致痛物质、缺血等,也可引起肌肉痉挛。

另外,在比赛中准备活动不充分,训练或比赛前神经系统、各器官和肌肉还未完全进入工作状态,如对局部肌肉连续刺激,并且刺激强度过大,就容易发生痉挛。此外,精神紧张,或训练水平较高、体力不支时也容易出现肌肉痉挛。

(二)征象

发病急,局部发生不自主肌肉强直收缩、僵硬,疼痛难忍,而且一时不易缓解。痉挛肌肉所涉及的关节,伸屈功能会产生一定的障碍。

(三)预防

1. 运动前特别是在大运动量或大强度训练时,要充分做好准备活动,循序渐进。对于容易发生痉挛的肌肉,可适当按摩。当身体处于疲劳、饥饿或局部有轻微伤病时,应适当减少运动量,不宜进行剧烈运动。及时进行心理调整,消除紧张状态,提高平时的训练水平,以适应高强度的比赛。

2. 加强体育锻炼,提高身体的耐寒能力和耐久力。游泳特别是冬泳,下水前应先用冷水淋湿全身以适应冷水刺激。水温低时,游泳时间不宜太长,更不能在水中停止运动或停留太长时间。

3. 夏季运动时,出汗过多,应注意适当补充盐分及维生素;冬季室外锻炼时要注意保暖。必要时补充维生素 E;适当补钙,可吃容易吸收的钙片,多吃含乳酸和氨基酸的奶制品、瘦肉、虾、豆制品等食品。

(四)处理方法

1. 腓肠肌痉挛

患者就地仰卧,两臂自然放于体侧,将伤肢抬起,与躯干约成120°。急救者一手扶踝关节跟腱部,一手握住脚前掌,连续突然发力使踝关节屈伸,拉长腓肠肌,直到痉挛消除(图5-1)。

图5-1　腓肠肌痉挛缓解方法

　　游泳中发生腓肠肌痉挛时，不要惊慌，先吸一口气，仰浮水面，用抽筋肢体对侧的手握住抽筋肢体的足趾，用力向身体方向拉，同时用同侧的手掌压在抽筋肢体的膝盖上，帮助将膝盖伸直，即可缓解。

　　有时只有自己一个人怎么办？可以用手抓住抽筋一侧脚的大拇脚趾，然后慢慢将脚掌向自己腹部方向拉，这样可拉伸腓肠肌，然后用力伸直腿，就可以缓解。但是很多人身体柔韧性有限，无法在伸直腿的情况下够到大脚趾，这时也可以采用双足互踩的办法。具体是坐位，伸直腿，痉挛的脚在下，健康脚在上，下面脚掌平踩住上面脚的脚后跟，然后上面脚的足跟用力内收，下压下面脚的脚趾，使痉挛小腿肌肉有牵拉感，并持续10秒钟，可以得到缓解（图5-2）。

图5-2　自助缓解腓肠肌痉挛方法

2. 股四头肌痉挛

　　患者就地俯卧，两臂自然放于体侧，尽量抬起伤肢，屈小腿。急救者一手扶胫骨上端，一手做局部按摩（图5-3）。

图5-3　股四头肌痉挛缓解方法

3. 腰背竖脊肌痉挛

　　患者坐在地上，两腿伸直。急救者两手扶于肩胛处，适度发力使上体前屈，待痉挛消除后做局部轻微按摩（图5-4）。

图 5-4　腰背竖脊痉挛缓解方法

4. 屈拇、屈趾肌痉挛

用力将足趾背伸。最好由同伴协助,但切忌用力过猛(图5-5)。

如以上措施不能在短时间内使痉挛消除,要马上送医院治疗。

图 5-5　屈拇、屈趾肌痉挛缓解方法

第二节　过度紧张

过度紧张

过度紧张是指在体育健身、运动训练或比赛时,运动负荷超过人体的承受能力而导致的生理功能紊乱或病理现象,一般在训练或比赛后立即或较短时间内发病。多见于短跑、中长跑、马拉松、游泳、滑冰、自行车、足球、篮球、拳击和举重等运动项目。

（一）病因

导致过度紧张的原因较多,多见于锻炼较少、训练水平低、缺乏运动经验的新手,以及患病或因运动性损伤而长期中断运动训练,突然进行剧烈运动或比赛的运动员以及健身者。过度疲劳或饭后立即进行剧烈运动,也是发病的原因之一。高水平运动员遭受强烈的精神刺激后,也可发生过度紧张。

过度紧张导致的生理功能紊乱或病理现象,常常涉及人体的一个系统或几个系统,因此发病类型较多,病情轻重不一,差异较大。主要有急性胃肠功能紊乱、运动应激性溃疡、昏厥、急性心功能不全、心肌损伤、脑血管痉挛、运动后猝死等现象。

(二)症状

1. 急性胃肠功能紊乱

症见剧烈运动后立即或不久出现恶心、呕吐的情况,较重者会呕吐咖啡样物,腹痛、头痛、头晕、面色苍白等,或大便潜血试验阳性。

2. 昏厥

症见一时性意识丧失,突然昏倒,清醒后全身无力,精神不佳,常伴有头痛、恶心呕吐、耳鸣、面色苍白、手足发凉、出冷汗、脉细数等。

3. 脑血管痉挛

症见运动中或运动后突发一侧肢体麻木、动作不灵或麻痹,常伴有剧烈的头痛、恶心、呕吐等。

4. 心功能不全和心肌损害

症见运动中或运动后出现头晕、目眩、步态不稳、面色苍白、口唇发绀、呼吸困难、极度衰弱、恶心、呕吐、咳嗽、咯血、胸痛、右季肋部疼痛、脉细数等。检查时心律不齐,血压下降等。

5. 运动后猝死

在运动中或运动后,症状出现后30秒内死亡称为即刻死,症状出现后24小时内死亡称为猝死。

(三)预防与处理

出现过度紧张均应中止运动。如果出现呼吸或心跳停止,应立即进行人工呼吸、心脏叩击或胸外心脏按压,并立即转送医院进一步抢救。

1. 急性胃肠功能紊乱

轻者宜平卧、保暖,休息观察,进行流质、半流质饮食或软饮食,一般1～2天病情好转。重者需及时就医。

2. 心功能不全

患者半卧位、保持安静,吸氧。

推拿按摩:患者取坐位,治疗者立于患者身旁。患者两眼平视微闭,呼吸调匀,全身放松,静坐1～2分钟后,治疗者按揉患者百会、太阳、风池、膻中等穴位5～8分钟。

3. 昏厥

患者平卧休息,静脉注入25%～50%葡萄糖40～60 mL,同时注意保暖,吸氧。

运动性疲劳

第三节　运动性疲劳

运动性疲劳又称过度训练综合征、过度劳累、运动过度等。运动性疲劳是指运动者在体育健身、运动训练或比赛时,由于运动量或运动强度过大,超过了运动者机体的承受能力,产生疲劳。疲劳的连续积累,将导致人体生理功能紊乱以及运动能力和身心机能暂时下降。运动性疲劳多见于篮球、拳击、自行车、体操、摔跤、划船、游泳、田径等运动项目中。

（一）病因

无论是体力或脑力的疲劳都是大脑皮质保护性抑制的结果。连续疲劳使大脑皮层兴奋与抑制之间的动态平衡遭到破坏,造成过度兴奋或过度抑制,大脑皮层功能紊乱,引起人体各系统的功能失调。导致运动性疲劳的原因主要有以下几个方面。

1. 训练安排不当

在教学和训练中未遵守循序渐进、全面性和系统性训练原则。体育教师安排运动负荷时,对学生的生理特点缺乏周密细致的考虑;运动负荷的安排超过了学生可以承受的生理负担量;训练内容单一,缺乏全面身体素质和心理素质的训练;没有根据个人特点、机体状况、季节、地理环境等调整训练计划,或者运动量增加太快。

2. 运动技术动作错误

没有遵循人体解剖学规律,违背人体解剖学特点、组织器官结构功能,违背力学原理,违背人体功能活动的规律,出现运动技术动作的错误。

3. 比赛安排不当

连续比赛缺乏调整和足够的休息,体内乳酸堆积过多,使运动系统及其肌肉工作能力降低,从而训练者产生厌烦训练的心理。也有赛后体力未完全恢复就进行大运动量负荷训练,伤病后过早进行大运动量训练或参加比赛的情况。

4. 其他原因

如参加运动者或训练者心理压力过大、心情不畅、情绪低落或急躁等;又如在睡眠或休息不好,营养不良以及过度疲劳的情况下,生理功能和运动能力都相对下降,进行大运动量训练或参加比赛,容易发生运动性疲劳。

（二）症状

运动性疲劳的症状多种多样。早期主要表现为身体机能紊乱,出现一些主观感觉等方面的心理症状,如感到疲惫不堪、食欲欠佳、睡眠不好、头晕眼花、四肢无力,以及出现冷漠、孤僻、沮丧、抑郁、缺乏兴趣、信心不足、记忆力减退、注意力不集中、烦躁不安、容易激动等现象。由此运动能力降低,成绩停滞不前或略有下降。

如早期症状未引起注意,没有采取必要措施进行调整,就会进一步发展,身体出现明显变化,如体重下降、头疼失眠、安静时脉搏和呼吸加快、血压升高、大量出汗、胃肠机能紊乱、心律不齐、出现血尿、神经机能失调等。晚期除机能紊乱外可能有形态学改变。

1. 神经精神症状

症见睡眠差、头晕眼花、四肢无力、疲惫不堪、食欲欠佳、头痛、记忆力下降、注意力不集中、反应迟钝、冷漠、孤僻、沮丧、抑郁、缺乏兴趣、烦躁不安、容易激动、无运动欲望等。

2. 消化系统症状

症见恶心、呕吐、食欲下降、肝区疼痛、腹泻或便秘、腹痛、腹胀等,甚至出现消化道出血症状。

3. 心血管系统症状

主要表现有心悸、心慌、胸闷、心前区不适、心律失常、血压升高、大量出汗。严重者出现明显的收缩期杂音,心电图检查往往出现异常改变(如 P-R 间期延长、QRS 间期延长、sr 下移、τ 波方向改变等),脉率一般增快(也有的减慢),血压常常升高(也有的异常降低),心血管系统联合机能试验出现脉搏、血压恢复过程缓慢和不良反应,血液化验检查可见少数人血红蛋白降低、血细胞总数增高等。

4. 运动系统症状

常常表现为持续性肌肉酸痛或僵硬,易出现肌肉痉挛、压痛,肌肉微细损伤,下肢发生疲劳性骨膜炎,跟腱和髌腱炎等。

5. 其他症状

体重持续性下降,免疫力下降,易出现感冒、腹泻、运动性头痛和运动后尿异常(蛋白尿、血尿、管型尿等)。还会引起女学生月经紊乱,男学生血浆睾酮水平降低。

在运动能力方面的主要表现有动作不协调、不精确,出现多余动作和错误动作,学习能力差,比赛时易受干扰,技术和战术发挥不好,运动成绩下降等。

目前对运动性疲劳还没有一种有效便捷的诊断方法。除了主诉、运动史、各种体力试验外,还需要根据心理测试、心血管系统联合机能试验、心电图运动试验、尿化验等综合分析进行诊断。运动医学界认为,运动性疲劳的诊断可以参考以下 8 个特征。

（1）运动后受伤和肌肉疼痛次数增加；

（2）清晨起床时脉搏加快；

（3）训练情绪下降,易激动,发热；

（4）失眠,提不起精神,缺乏耐久力；

（5）肌肉围度缩小；

（6）性功能减退；

（7）食欲减退；

（8）在下一次训练前肌肉恢复不过来。

对照上述8个特征,如果有2个以上的身体反应与之相符,就可以确认发生了运动性疲劳。鉴别诊断时,首先要排除其他原因或疾病引起的疲劳或运动能力的下降,如神经衰弱等。

（三）处理与预防

运动性疲劳的治疗主要是消除病因,调整训练,加强各种恢复措施,对症治疗等。保证充足的睡眠、合理的营养搭配,可服用多种维生素和对症药物,可进行理疗或按摩等,但不要完全停止体育活动。如果睡眠不好,也可以适当服用镇静药。

1. 调整训练量和训练强度

初练者必须遵循循序渐进的原则,逐渐加大训练量和训练强度。运动性疲劳病情轻者,主要是调整训练内容,改变训练计划,如减少运动量、控制训练强度、减少力量性练习等。一般经过两周左右的时间即可基本消除,恢复正常训练。病情重者,除减少运动量外,宜避免大强度、大力量性训练,暂停专项练习,做一般小强度的身体训练,持续几周到几个月。病情较重者,避免专项训练,进行小强度身体训练。严重过度训练者,须完全中止训练,并改换环境进行一段时间的疗养和药物治疗。

2. 加强训练后的恢复措施

（1）补充营养物质,如高能量物质、高糖食物、各种微量元素、维生素、动物性蛋白质、矿物质等,可多吃一些新鲜蔬菜和水果。特别是应加强蛋白质的补充,每日每公斤体重摄入1.5 g为宜。

（2）保证充足的睡眠时间,有利于肌肉的恢复和增长。

（3）根据条件,可以进行桑拿浴和放松心理等,以加速疲劳消除,促进身体恢复。

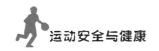

第四节　运动性中暑

运动性中暑

　　在较高的温度下,长时间进行体育锻炼,易发生中暑,尤其在温度高、通风不良的条件下,头部缺乏保护,被烈日直接照射,容易发病。

　　(一)病因

　　1. 热射病是高热环境中体温调节失调所致,机体产热大于散热。

　　2. 日射病是烈日直接照射头部引起中枢神经功能紊乱,造成昏迷。

　　3. 热痉挛和热衰竭是由于气温高、出汗较多,水盐过分散失,内环境平衡遭到破坏。严重者血液浓缩,血容量减少,导致循环系统衰竭。

　　(二)症状

　　1. 先兆中暑。在高热环境下大量出汗,口渴、头昏、眼花、耳鸣、胸闷、心悸、恶心、四肢无力、注意力不集中、体温在37.5 ℃以下。

　　2. 轻症中暑。病情继续发展时,体温升至38 ℃以上。伴有面色潮红,皮肤灼热,或出现面色苍白,皮肤湿冷,血压下降,脉搏细速,有早期循环衰竭现象。

　　3. 重症中暑。有轻症的全部表现,并常伴有昏迷、痉挛或高热达41 ℃,会造成机体衰竭,严重者导致死亡。

　　(三)处理与预防

　　加强预防:高温季节注意生活有规律,保证充足的睡眠和休息;锻炼要避开一天当中的高温时间,最好安排在早晚进行;在烈日下锻炼应戴白色太阳帽,穿浅色、单薄、宽松的衣服;随时注意喝清热解暑的防暑饮料;加强锻炼,提高机体耐高温的能力;身体有病时,应停止锻炼。

　　处理:出现先兆及轻症中暑时,应立即将患者带离高热环境,移到阴凉通风处休息,解开衣领,并补给清凉饮料、浓茶、淡盐水。

　　症状稍重者,可服用人丹、六一散、十滴水、解暑片、藿香正气丸等。

　　对于有早期循环衰竭表现的重症中暑者,将头部垫高,松开衣服,通风,头部冷敷,用5%酒精或白酒擦洗颈部、腋窝部、腹股沟部等大血管处(面部、腹部及外生殖器禁擦),可以少量多次饮用凉淡盐开水或饮料。

　　如更严重产生昏迷者,立即平卧在阴凉通风处,用指掐人中穴、涌泉穴等穴位,给氨水闻嗅,在四肢处做重推按摩,一面急救,一面尽快送往医院抢救治疗。

运动性贫血

第五节　运动性贫血

血液中白细胞与血红蛋白低于正常值,称为贫血,因运动引起的血红蛋白减少称为运动性贫血。运动性贫血的指数为:男性的血红蛋白总量低于120 g/L,女性低于105 g/L。在通常情况下,该病的发病率女性高于男性。由于贫血,常引起多种不良的生理反应,危及健康。多见于长距离径赛(如竞走、长跑、马拉松),以及举重、柔道、跆拳道、摔跤等运动项目中。

(一)病因

运动时肌肉对蛋白质和铁的需求增加,一旦需求量得不到满足,即会引起运动性贫血;由于运动时,脾脏释放的溶血卵磷脂使红细胞的脆性增加,加上运动时血流加速,易引起血红细胞破裂。血红蛋白从红细胞中逸出,并丧失输氧和排出二氧化碳等功能。

(二)症状

运动性贫血发病缓慢,其症状表现为头晕、恶心、呕吐、心慌、面色苍白、出冷汗、体力下降,运动后心悸、心率加快、脸色苍白等。

(三)预防与处理

加强预防:饥饿空腹时,不要参加剧烈运动;参加长跑和超长跑时,应在中途补充运动型饮料;赛前进行体检,以免其他病症引起低血糖;加强体育锻炼,提高机体抗疲劳的能力。

处理:如果运动中出现头晕、恶心、呕吐等症状,应适当减少运动量,必要时暂停运动,并补充富含蛋白质或铁的食物,或口服硫酸亚铁。

运动性昏厥

第六节　运动性昏厥

运动性昏厥是指在大强度的运动训练、激烈的比赛中或比赛后,由于大量血液分布于下肢引起的一时性脑供血不足或脑血管痉挛所致的短暂意识丧失的状态,又称重力休克。运动性晕厥多见于长跑、足球、篮球、长距离滑雪、滑冰、公路自行车、举重、竞走、自行车练习、网球和马拉松等运动项目(图5-6)。

图5-6　运动性昏厥

（一）病因

首先，人体进行剧烈运动后突然停止活动，使下肢血管失去肌肉收缩的挤压作用，加上血液本身的重力关系，大量血液积聚在下肢血管中，使回心血量减少，脑部缺血而引起昏厥；其次，由于情绪过分激动，精神紧张，受惊，悲伤等，反射性地引起广泛的小血管急性扩张，血压下降，从而导致脑部缺血而产生血管抑制性昏厥；再者，长时间或过久下蹲后，突然起立引起昏厥，这是由于植物性神经功能失调，直立位时血压显著下降，脑部贫血。昏厥也和剧烈运动后引起的低血糖有关。

（二）症状

运动性昏厥前，面色苍白、头昏眼花，全身软弱无力，进而失去知觉，突然昏倒；昏厥后手足发凉，出冷汗，脉搏慢而弱，血压下降，呼吸缓慢。经短时间平卧休息，脑贫血消除，知觉迅速恢复，但精神不佳，仍有头昏，全身无力。

（三）预防与处理

加强预防：剧烈运动后不能立即停止，要继续慢跑并做深呼吸，或继续走一段路。加强锻炼，提高机体的适应能力。

处理：让患者平卧，头稍放低，下肢抬高，松开衣领衣扣，适当保暖，用毛巾擦脸，自小腿向大腿向心做重推挤、按摩和揉捏；嗅以氨水和用指针掐刺人中、合谷、百会、涌泉等穴位；知觉未恢复前，禁止喝饮料和服药；有呕吐情况时，应将患者头部偏向一侧；如果呼吸停止，应进行人工呼吸。

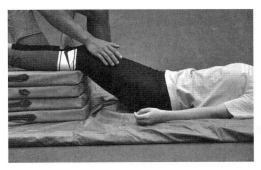

图 5-7 运动性昏厥的处理

第七节 脑震荡

脑震荡

脑震荡是指头部受外力作用震动后,脑神经细胞和神经纤维受到震荡而引起的一时性意识机能障碍,不久即可恢复。

（一）病因

在运动中,头部受到直接暴力打击和撞击,或受到间接的震荡,反作用力传到头部,导致脑震荡。

（二）症状

伤后有短暂性昏迷,出现短时间的意识丧失,轻者几秒钟,重者可达几分钟或半小时;昏迷时呼吸表浅,脉搏缓慢,四肢松弛无力,瞳孔稍扩大,皮肤和肌腔等神经反射减弱或消失;清醒后不能回忆受伤情况的经过,健忘,反应迟钝;受伤数日内,会出现较明显的头痛、头晕现象,情绪紧张,活动头部或变换体位时,症状可加重;可能并行恶心、呕吐、情绪不稳、易激动、注意力不集中、耳鸣、失眠等一系列植物性功能紊乱症状,一般在伤后数日内消失。

（三）预防与处理

加强预防:加强人的头部反应锻炼,避免意外损伤;有些体育项目注意戴头盔等保护帽,如摩托车、自行车、棒垒球运动等;对抗性较强的项目,要注意自然保护头部,防止粗野动作损伤头部;多进行空间定向锻炼,提高神经系统的反应能力。

处理:让患者安静平卧,头部冷敷,上身保暖。昏迷不醒者,可用指掐人中、合谷、内关等穴位或给氨水嗅闻,促其苏醒;呼吸停止者,立即用人工呼吸;若昏迷时间过长,超过5分钟,两侧瞳孔不对称,口、耳、鼻内有出血或流清水,眼球和咽后壁出现青紫现象,应立即送医院抢救;清醒后剧烈头痛、呕吐,或再昏迷等,也应立即送医院抢救;护送去医院时患者要平卧,头部两侧用枕头或衣服填起固定,以避免颠簸和震动,并保持呼吸道畅通。

后期治疗,主要是保证大脑休息和必要的充足睡眠,不过早参加运动;对于有后遗症者,可对症治疗,如服止痛片、镇静剂、维生素D和C,也可做按摩,针灸治疗等;在恢复期还存在一些精神功能紊乱症状者,除药物治疗外,应加强体育锻炼,配合气功、太极拳等进行治疗,促进康复。

第八节 运动性腹痛

运动性腹痛

运动性腹痛是指身体运动引起或诱发的腹部疼痛,一般在长跑、竞走、自行车运动和足球运动中容易发生。腹痛一般分为胃痉挛、肠痉挛、腹直肌痉挛和腹部慢性病(图5-8)。

图5-8 运动性腹痛

(一)病因

1. 锻炼水平差。体质弱者心脏功能差,心脏搏动无力,影响静脉血回流,从而引起肝脾瘀血肿胀,使肝脾被膜张力增加,发生腹痛。

2. 准备活动不充分或未做。未做准备活动而参加剧烈运动,造成内脏器官跟不上运动器官剧烈活动的需要,导致血供、氧供不足而产生腹痛。

3. 违反卫生原则。饱食后立即运动,活动前或运动中大量饮水、吃喝冰冷食物等,使胃肠在食物和水充盈状态下,受到机械性震动而发生肠胃痉挛,或牵引肠系膜引起腹痛。另外,空腹锻炼,使胃酸或冷空气刺激胃,也会产生腹痛。

4. 各种慢性肠胃疾病。有胃溃疡、肠结核、慢性阑尾炎和肝脾脏等疾病者,受到牵引和震动等刺激时,病变部位充血、水肿,也容易发生腹痛。

(二)症状

肝脾瘀血引起的腹痛、肝痛在右侧肋部,脾痛在左侧肋部,疼痛性质为胀痛或牵扯性疼痛;饮食卫生不合理引起的胃肠痛在上腹部,一般运动不久后便出现疼痛,运动强度越大,疼痛越严重;由运动引起的阑尾炎,痛感在右下腹部,有压痛感。

(三)预防与急救处理

加强预防:运动前进行体检,排除各种内脏器官疾病;遵守运动饮食卫生原则,饭后1.5～2小时才可参加剧烈运动;做好运动前的准备活动;注意运动中的呼吸与动作调整;努力提高锻炼水平,提高身体的适应能力。

处理:在运动中出现腹痛,一般就降低运动强度,同时加深呼吸,调整好呼吸与动作的节奏。按压疼痛部位应做弯腰与伸腰调整,可使疼痛减轻或消除。如果无效,则可以掐人中、内关、足三里等穴位,同时停止运动;可以服用缓解痉挛药物。若上述方法再无效,则请医生检查治疗。

第六章　体育运动中常用的急救方法

体育运动中运动损伤时常用的急救是指对突然发生的运动损伤进行初步的、临时性的紧急处理。其目的在于保护伤员的生命安全,防止病情加重,减轻疼痛,预防并发症,为进一步治疗创造条件。急救处理时,要沉着冷静,胆大心细,有条不紊地进行。

第一节　止　血

止血的急救

一、外出血

常用的外出血临时止血法有以下几种。

1. 冷敷法(图6-1):常用于急性闭合性软组织损伤。

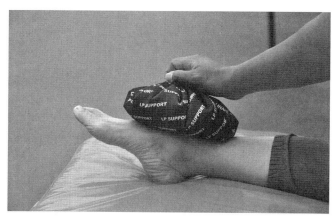

图6-1　冷敷法

2. 加压包扎止血法(图6-2):用生理盐水冲洗伤部后用厚敷料覆盖伤口,外加绷带,增加血管外压,促进自然止血,达到止血目的。用于毛细血管和小静脉出血。

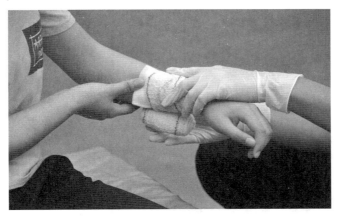

图6-2 加压包扎止血法

3. 抬高伤肢法(图6-3):将患肢抬高,使出血部位高于心脏,降低出血部位血压,达到止血效果。用于四肢小静脉和毛细血管出血。在动脉或较大静脉出血时,仅作为一种辅助方法。

图6-3 抬高伤肢法

4. 指压止血法(图6-4):在出血部位的上方,在相应的压迫点上用拇指或其余四指把该动脉管压迫在邻近的骨面上,以阻断血液的来源而达到止血的效果。这是动脉出血常用的最简捷的现场止血措施,是动脉出血时的一种临时止血法,所加压力必须持续到可以结扎血管或用止血钳夹住血管为止。

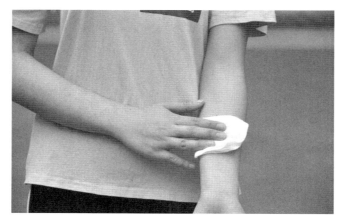

图6-4　指压止血法

5. 止血带止血法(图6-5):在四肢较大的动脉出血时,通常用止血带止血。目前常用的止血带有充气止血带、橡皮带止血带、橡皮管止血带。现场急救中常用携带方便的橡皮管止血带,缺点是施压面狭窄,易造成神经损伤。如果无橡皮止血带,现场可用宽布带或从衣服撕下一条宽布带以应急需。

图6-5　止血带止血法

止血带使用不当可引起局部损伤、周围神经损伤甚至导致肢体坏死。因此,一般只在其他止血方法不能奏效时才用止血带。

二、内出血

内出血中的体腔出血,如肝脾破裂或血胸,多伴有严重的休克,应立即送医院处理。

第二节 包 扎

急救包扎的
方法

绷带包扎法是急救技术中不可缺少的重要组成部分,常用的绷带有卷带和三角巾,现场还可用毛巾、头巾、衣物等代替。

一、绷带包扎的作用

绷带包扎可固定敷料和夹板,限制伤肢活动,避免加重伤情。有保护创口、预防或减少感染的作用;可以支持伤肢,使之保持舒适的位置;减轻疼痛和压迫止血,防止或减轻肿胀等(图6-6)。

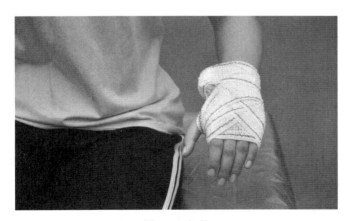

图6-6 包扎

二、绷带包扎的注意事项

1. 包扎动作应熟练柔和,尽可能不要改变伤肢位置,以免增加伤员痛苦。

2. 包扎松紧度要合适,过紧会影响血液循环,过松将失去包扎的作用。

3. 卷带包扎一般应从伤处远心端开始,近心端结束,末端用粘膏或别针固定。

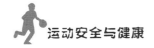

三、绷带包扎法

要根据包扎部位的形态特点,采用不同的包扎方法。

1. 环形包扎法(图6-7):用于包扎肢体粗细均匀的部位,如手腕、小腿下部和额部等,也是其他包扎法开始或结束时使用的包扎法。包扎时,先张开绷带,把带头斜放在伤肢上并用拇指压住,将卷带绕肢体一圈后,再将带头的一个小角反折,然后继续绕圈包扎,每圈都盖住第一圈,包扎3～4圈即可。

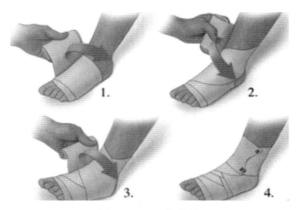

图6-7　环形包扎法

2. 螺旋形包扎法(图6-8):用于包扎肢体粗细相差不大的部位,如上臂、大腿下部等。包扎时先做2～3圈环形包扎,然后将绷带向上斜形缠绕,每圈都盖住前一圈的1/2～1/3。

图6-8　螺旋形包扎法

3.反折螺旋形包扎法(图6-9):用于包扎肢体粗细相差较大的部位,如前臂、小腿、大腿等。包扎时,先做2～3圈环形包扎后,用左拇指压住绷带上缘,将绷带向下反折,向后绕并拉紧绷带,每圈反折一次,后一圈压住前一圈的1/2～1/3,反折处不要与创口或骨突处重叠。

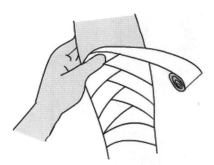

图6-9　反折螺旋形包扎法

4. "8"字形包扎法(图6-10):多用于包扎肘、膝、踝等关节处。方法有二:一是先在关节处做几圈环形包扎后,将绷带斜形环绕,一圈在关节上方缠绕,一圈在关节下方缠绕,两圈在关节凹面相交,反复进行,逐渐离开关节,每圈压住前一圈的1/2～1/3,最后在关节上方或下方做环形包扎结束。二是先在关节下方做几圈环形包扎后,将绷带由下而上,再由上而下地来回做"8"字形缠绕,使相交处逐渐靠拢关节,最后做环形包扎结束。

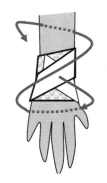

图6-10　"8"字形包扎法

5. 三角巾包扎法(图6-11、图6-12):三角巾应用方便,适用于全身各部位的包扎,这里只介绍手部、足部和头部包扎法。

（1）手部包扎法：三角巾平铺，手指对向顶角，将手平放在三角巾的中央，底边横放于腕部。先将三角巾顶角向下反折，再将三角巾两底角向手腕背部交叉缠绕一圈，在腕背打结。

（2）足部包扎法：与手部包扎法基本相同。

大悬臂带　　　　　　　小悬臂带

图6-11　手部包扎法

（3）头部包扎法：三角巾底边置于前额，顶角在后，将底边从前额绕至头后，压住顶角并打结；若底边较长，可在枕后交叉后再绕至前额打结。最后把顶角拉紧并向上翻转固定。

图6-12　三角巾头部包扎法

第三节　搬　运

搬运伤员的
方法

　　正确的搬运术对伤病员的抢救、治疗和预后都至关重要。从整个急救过程来看,搬运是急救医疗不可分割的重要组成部分,仅仅把搬运看成简单体力劳动的观念是一种错误观念。

一、搬运方法

（一）徒手搬运

1. 单人搬运（图6-13）：由一个人进行搬运。常见的有背法、抱持法、扶持法。

图6-13　单人搬运法

2. 双人搬运法（图6-14）：椅托式、轿杠式、拉车式、椅式搬运法、平卧托运法。

椅托式

轿杠式

拉车式

平抬式

图6-14　双人搬运法

（二）器械搬运法

将伤员放置在担架上搬运，同时要注意保暖。在没有担架的情况下，也可以采用椅子、门板、毯子、衣服、绳子、竹竿、梯子等制作简易担架搬运（图6-15、图6-16）。

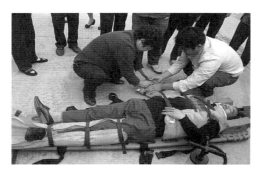

图6-15　担架搬运法

图6-16　椅式搬运法

（三）工具运送

如果从现场到转运终点路途较远,则应组织、调动、寻找合适的现代化交通工具,运送伤病员。

二、危重伤病员的搬运

①脊柱损伤:硬担架,3～4人同时搬运,固定颈部防止前屈、后伸、扭曲。

②颅脑损伤:半卧位或侧卧位。

③胸部伤:半卧位或坐位。

④腹部伤:仰卧位、屈曲下肢,宜用担架或木板。

⑤呼吸困难病人:坐位,最好用折叠担架(或椅)搬运。

⑥昏迷病人:平卧,头转向一侧或侧卧位。

⑦休克病人:平卧位,不用枕头,脚抬高。

第四节　固　定

发生骨折后,骨折端的周围,可能有血管、神经、肌肉、内脏的损伤。

（1）固定材料的选择:固定材料的长度,应超过断骨上、下关节的各一部分。夹板类:现成的板、棍、树枝、扁担、杠棒等;现场制作类:杂志、硬纸板、雨伞;自体固定类:将受伤上肢缚在胸部上,将受伤下肢固定于腱肢(图6-17)。

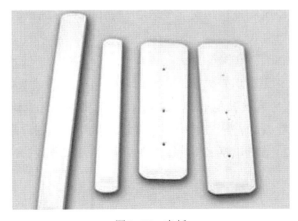

图6-17　夹板

（2）固定的具体方法（图6-18）：

——先止血，后包扎，再固定；

——对于下肢及脊柱骨折，一般应就地固定，不要随便搬动伤员；

——四肢骨折有骨外露时，不能还纳（放回原位），可用敷料包扎；

——捆绑的松紧程度要适当：太松则固定不牢，太紧则影响血液循环；

——固定后要注意观察手指足趾，如有苍白、青紫、发冷、麻木等，应立即松开，重新固定；

——先固定骨折近端，后固定骨折远端；

——如无合适的固定材料，骨折上肢可用宽布带固定在胸侧，骨折下肢可与健肢固定在一起。

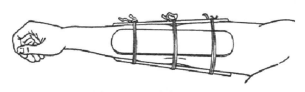

图6-18　上肢夹板固定

第五节　心肺复苏

心肺复苏

人的脑细胞在缺氧的情况下，只能维持6分钟的存活。心肺复苏经常采用的方法是心脏胸外挤压法。要求在5～10秒钟内完成心搏呼吸骤停的快速判断。

（1）意识丧失判断要领（图6-19）

第一步　判断有无意识丧失：拍打双肩，凑近耳边大声呼唤。如呼唤无反应，应检查呼吸有无（掐人中穴或其他动作），如均无反应，则确定为意识丧失。

第二步　高声呼救：如确定意识丧失，应立即高声呼救"来人呐！救命啊！"；按应急预案程序拨打120急救电话；第一目击者必须在病人身旁，开始徒手心肺复苏的救助。

图6-19　意识丧失判断

（2）抢救的体位要求

呼救的同时,应迅速将病人摆放成仰卧位;翻身时整体转动,保护颈部;身体平直,无扭曲;摆放的地点为地面或硬板床。

（3）徒手开放气道方法(图6-20)

——首先清理口腔,将其头偏向一侧,用手指探入口腔,清除分泌物及异物;

——然后压头抬颌,使头部后仰,后仰程度为下颌、耳郭的连线与地面垂直;

——动作轻柔,防止颈部过度伸展,压迫气道。

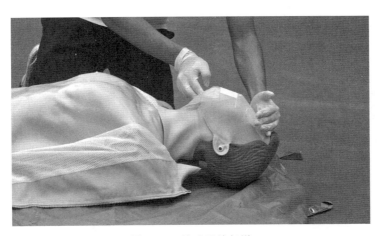

图6-20　徒手开放气道

（4）人工呼吸(图6-21)

实行口对口呼吸法时,患者仰卧,头部后仰,急救者托起下颌,捏住鼻孔,轻压环状软骨,防止空气泄露或进入消化道。始终保持气道开放,吹气时不能漏气,连吹2

次,让病人出气,每次吹气量400～600 mL,每分钟约10～18次,以患者胸部抬起为宜(不是"吹蜡烛"),吹气持续2秒,直至患者恢复自主呼吸。

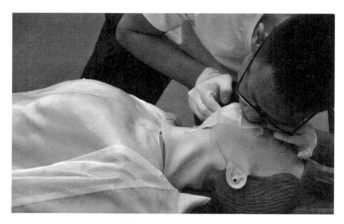

图6-21　人工呼吸

(5)胸部按压(图6-22)

按压位置:胸骨下1/2处或乳头连线中央。

按压要领:最好采用跪姿,双膝平病人肩部;双臂绷直,肘关节不得弯曲;双臂形成一条直线,与患者胸部垂直;用上半身重量垂直往下压;保证每次按压后胸廓回弹,手掌根部始终紧贴胸部,放松不离位。

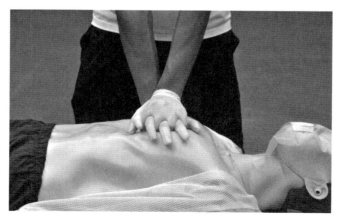

图6-22　胸部按压

按压频率:最少100次/分钟;下压和放松时间各占50%。

按压深度:胸骨下陷最少5厘米。

有效标准:能触摸到颈或股动脉搏动。

胸部按压与人工呼吸反复交替进行,比例为30:2。

抢救贵在坚持,千万不要轻易放弃抢救,生命的回归就在不懈的坚持之中。

第六节　休克的急救

休克的急救

休克是机体受到各种有害因素的强烈侵袭而导致有效循环血量锐减,主要器官组织血液灌流不足所引起的严重全身性综合征。

休克产生的原因很多,运动损伤中并发的休克主要是创伤性休克,多为严重创伤引起的剧烈疼痛,如多发性骨折、睾丸挫损、脊髓损伤等。

对于休克病人要尽早进行急救,应迅速使病人平卧安静休息。患者一般采取头和躯干部抬高10°,下肢胎高约20°的体位,这样可增加回心血量并改善脑部血流状况。松解衣物,保持呼吸道畅通,清除口中分泌物或异物。病人要保暖,但不能过热,以免皮肤扩张,导致血管床容量增加,使回心血量减少,影响生命器官的血液灌注量和增加氧的消耗。在炎热的环境下则要注意防暑降温,同时尽量不要搬动病人。若伤员昏迷,头应侧偏,并将舌头牵出口外,必要时可吸氧或进行口对口人工呼吸,并针刺或掐点人中、百会、合谷、内关、涌泉、足三里等穴。

以上是一般的抗休克措施。由于休克是一种严重的、危及生命的病理状态,所以在急救的同时,应迅速请医生或及时送医院处理。休克病人应尽量避免搬运颠簸。

第七节　骨折的急救

骨折的急救

在外力的作用下,骨的连续性或完整性遭到破坏叫骨折。在剧烈运动中,特别是对抗性强的运动中,骨折并非罕见。

(一)骨折的临时固定

骨折时,用夹板、绷带将折断的部位固定包扎起来,使伤部不再活动,称为临时固定。其目的是减轻疼痛,避免再伤,便于转送。

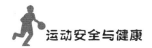

（1）上肢骨折的临时固定

①锁骨骨折（图6-23）：将两个棉垫分别置于双侧腋下，然后用环形包扎法或"8"字形包扎法包扎，最后以小悬臂带将伤肢挂起。

图6-23　锁骨骨折

②肱骨骨折（图6-24）：用2～4块合适的夹板固定上臂，屈肘90°，用悬臂带悬吊前臂于胸前，最后以叠成宽带的三角巾把伤肢绑在躯干上加以固定。如无夹板，可用布带将上臂包缠在胸部侧方，并将前臂悬吊胸前。

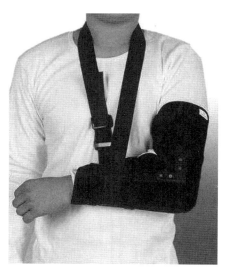

图6-24　肱骨骨折

③前臂及腕部骨折(图6-25):用1～2块有垫夹板在掌背侧固定前臂,屈肘90°,前臂保持中立位,用大悬臂带悬吊胸前。

图6-25　前臂及腕部骨折

④手部骨折(图6-26):用手握纱布棉花团或绷带卷,然后将有垫夹板或木板置于前臂掌侧固定,用大悬臂带悬吊于胸前。

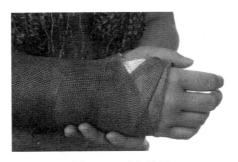

图6-26　手部骨折

(2)下肢骨折的临时固定

①股骨骨折(图6-27):取长短两块夹板,分别置于伤肢外侧和内侧,外侧上自腋下,下达足跟,内侧自大腿根部至足部。夹板内面应垫软物,然后用布带进行包扎固

定，在外侧作结；如无夹板，可将两腿并拢捆在一起。

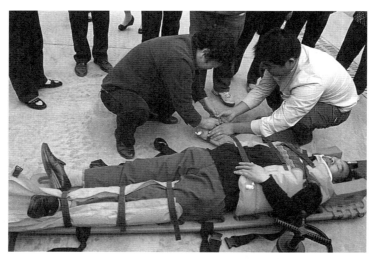

图6-27　股骨骨折

②髌骨骨折(图6-28)：在腿后放一夹板，自大腿至足跟，用布带在膝上、膝下和踝部将膝关节固定在伸直位，防止屈曲。

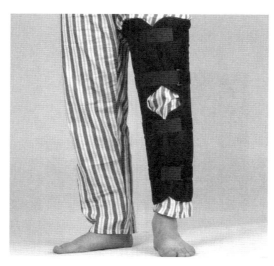

图6-28　髌骨骨折

③胫腓骨及踝部骨折(图6-29、图6-30):用夹板1~2块,上自大腿中部,下达足跟部,或用一长钢丝托板,上自大腿中部,下在足跟部转成直角,包扎固定。

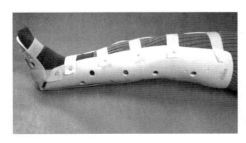
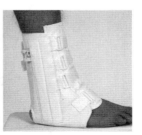

图6-29　胫腓骨骨折　　　　　　　　图6-30　踝骨骨折

(二)脊柱骨折临时固定与搬运

正确搬运法:一般由3~4人搬运,分别于患者两侧,用双手托起背部、腰部、臀部和大腿(若颈椎骨折可一人专管头部的牵引固定),几人托起的力和时间要保持一致,使脊柱保持水平位,缓慢地搬放于硬板单架上。也可用滚动法,即将木板或担架置于病人体侧,一人稳住头,其余人将病人推滚到木板或担架上。

腰椎骨折:疑有腰椎骨折时,要尽量避免骨折处有移动,更不能让伤员坐起或站起,以免引起或加重脊髓损伤。不论伤员是仰卧或俯卧,尽可能不要变动原来的位置。取硬板担架或门板放在伤员身旁,由数人协力轻轻把伤员搬至担架或门板上,取仰卧位,并用数条宽带把伤员缚扎在担架或门板上。若腰部悬空,则应在腰下垫一小枕或卷起的衣服。使用帆布担架时,伤员要俯卧,使脊柱伸直,禁止屈伸。

颈椎骨折:若固定与搬动方法不当,有引起脊髓压迫的危险,可导致四肢与躯干的高位截瘫,甚至引起死亡。因此,务必使头部固定于伤后位置,不屈不伸不旋转,数人协力把伤员搬至木板上;头部两侧用沙袋或卷起的衣服固定,用数条宽带把伤员缚扎在木板上,严禁头颈左右旋转与屈伸。

第八节　关节脱位的急救

关节脱位的
急救

脱位或脱臼是指关节面失去正常的联系。关节脱位可分为损伤性脱位、先天性脱位、习惯性脱位、病理性脱位、开放性脱位、闭合性脱位以及完全脱位与不完全脱位等。关节脱位同时可伴有关节囊、骨膜、关节软骨、韧带、肌腱等组织的损伤或撕裂,严重时还会伤及神经或伴有骨折(图6-31)。

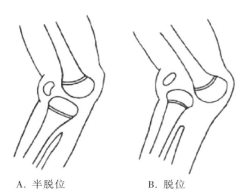

A. 半脱位　　　　B. 脱位

图6-31　脱位

在运动损伤中以肩、肘关节脱位较为常见,其临时固定方法为以下两种。

1. 肩关节脱位:可用大悬臂带悬挂伤肢前臂于屈肘位(图6-32)。

2. 肘关节脱位:最好将铁丝夹板弯成合适的角度,置于肘后,用绷带固定后再用大悬臂带挂起前臂;如无铁丝夹板,可直接用大悬臂带固定伤肢。若现场无三角巾、绷带、夹板等,可就地取材,用头巾、衣物、薄板、竹板、大本杂志等作为替代物(图6-33)。

图6-32　肩关节脱位的固定

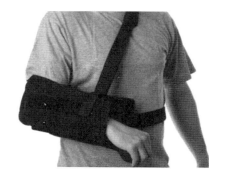

图6-33　肘关节脱位的固定

第七章　运动康复

第一节　运动康复概论

　　运动康复也被称为体育疗法,是新兴的体育、健康和医疗交叉结合的前沿学科。从概念上来看,仅指采用体育或功能练习的方法达到疾病预防、治疗和康复的目的的手段。事实上运动康复的内涵要丰富得多,既有运动人体科学、临床医学基础知识,还有运动康复的基本理论、技能和方法。运动康复也是针对伤病或伤残者采用的运动方法,使其在身体功能和精神上获得全面恢复,进而重返社会(图7-1)。

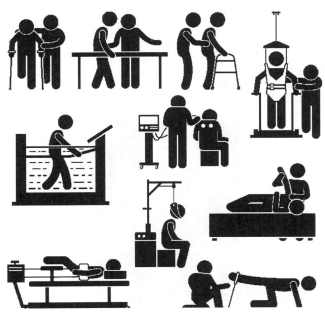

图7-1　运动康复示例

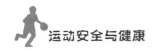

一、运动康复的特点

(一)针对性

康复运动可以治疗各器官系统的疾病和实现康复功能,使体弱者健强,提高机体的抵抗能力,调解人的情绪状态。锻炼者在实践中必须根据自己的病情和体质状况对症下药,有很强的针对性。

运动康复的
基本原则

(二)主动性

参加康复运动,一般具有较强的主动精神,并且要用坚强的意志品质去克服来自身体内外的困难,去战胜各种疾病,只有充分增强主动意识,才能使参与者达到强身健体、康复和治疗疾病的目的。

(三)自然性

康复运动是通过人体的自然活动来达到防治疾病的目的,不受年龄、性别和体质强弱的限制,只要方法得当、对症下药,都可以收到良好的效果,并且不对人体产生副作用。

(四)双重效应

康复运动既能防治疾病,又能健身。参加康复运动时,针对性地防治某种疾病的过程,同时也是促进身心健康的过程。无论是参加什么形式、什么性质的康复运动,都具有康复身体和促进身心健康的双重效应。

二、康复运动的功能

1. 可以有效地调节中枢神经系统机能

神经系统特别是中枢神经系统,对全身器官功能起调节作用(图7-2)。

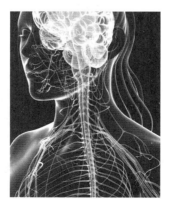

图7-2　复杂的中枢神经系统

运动对人体是一种重要的生理刺激,能不断刺激中枢神经,保持其自身的紧张度和兴奋性,从而维护其正常功能。

缺乏体力活动会降低大脑皮质的紧张度,以致引起相应神经调节能力的减弱,造成机体内平衡的失调,甚至形成某些疾病。

疾病常使人明显地降低活动能力,不适当地过多卧床或休息少动,直接影响神经系统和某些脏器的功能,并形成恶性循环。

某些疾病还会在大脑皮质形成顽固性兴奋灶,则又严重地干扰了大脑的调节能力。

因此,不少病人表现出自主神经功能紊乱、心脏功能减退、胃肠蠕动减弱、代谢失调等一系列症状,不利于健康的恢复,且易引起并发症。

运动康复是采用动静结合,以动为主的活动方式来治疗疾病,对神经系统有较好的锻炼效果。如静止性练功,可在大脑皮层中形成抑制,有利于大脑细胞功能的恢复,亦可切断恶性循环。

动力性活动是一系列生理性的条件反射的综合。动力性活动既可阻滞某些顽固性兴奋灶的刺激,同时又能改善食欲,产生轻松舒适的感觉,使人精力旺盛。

当活动的强度和难度增加时,增进了大脑皮层的各种暂时性联系和更多的条件反射的形成,使神经活动过程的兴奋性、灵活性和反应性都得到提高,从而改善了全身各器官的调节和协调作用。

此外,通过体疗锻炼还可提高对某些自主神经和脏器活动的自控能力,如心跳的快慢、血管的舒缩、皮肤温度的升降和代谢水平的高低等,在一定范围内都可适当地得到调节。

2. 改善内脏器官的功能

形态和功能有着密切的依存关系,形态破坏直接限制了功能,功能丧失可促使形态进一步破坏。骨折或脱位后,使关节功能受到限制,长期固定可使骨质疏松,肌肉萎缩,关节囊萎缩,软骨变性退化,从而进一步破坏功能(图7-3)。

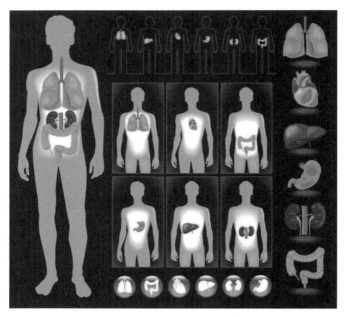

图 7-3　人体器官

　　体疗可加快血流,扩张血管,促进局部和全身的血液循环,亦可使肌纤维增粗。运动可增加关节腔的滑液分泌,改善软骨营养,牵伸挛缩和粘连的组织,并维持其正常形态,进一步改善功能。

　　有些慢性病患者,长期卧床,直接影响各器官、系统的功能,使各器官、系统的功能逐渐减退。体疗以动静结合的方法,调整中枢神经系统的功能,如静止的练功形式,用诱导和放松入静、气血运行等意念活动来调节神经功能,并通过神经体液等途径,影响人体各器官、系统的功能,从而逐渐纠正人体内部的病理状态。又如体操、走、跑等活动,可增强心肌收缩力量,提高心脏功能,增加排血量,同时,可提高呼吸功能,增加肺通气量,改善胃肠功能,增进食欲,促进消化吸收,从而增强了体质,促进了健康的恢复。

　　3. 提高机体的代偿功能

　　有指导的康复运动是促进恢复代偿功能最积极的措施,可以最大限度地发展代偿能力。

　　如当一侧肢体功能丧失后,对侧肢体通过有计划的训练,可充分代偿该侧的功能。

　　又如肺切除术后,进行专门的呼吸锻炼可使余肺膨胀完全,充填残腔。肋间神经麻痹而引起的呼吸功能降低,可利用加强屈肌和腹肌活动来代偿。康复运动可以促进形成各种反射性联系,即能促进这些代偿功能的发展。

4. 可以有效地调节人的情绪,促进身心康复

运动可提高和改善人们的情绪。慢性病人由于对疾病的不正确认识和对治疗丧失信心,极易产生精神抑郁,消极情绪常可进一步减弱人体的功能。病人主动积极地参加体疗活动,可以扭转消极情绪的影响。

图7-4　康复运动示例

总之,生命在于运动。运动可使大脑皮层神经活动过程的强度、均衡性和灵活性得到提高,缩短反应的潜在期,提高各种分析器的功能。运动是身体各部位有规律而协调的动作,可使神经的兴奋和抑制、传导和反射性得到改善,使人保持精力充沛,精明果断,动作迅速准确有力,提高体机的防御机能。

第二节　运动康复种类

(一)体操康复运动

为了防治某种疾病而专门编排的各种体操康复运动,具有很强的针对性。主要内容有纠正体形的矫正操,治疗慢性支气管炎和肺气肿的呼吸操,防治慢性颈、肩、腰、腿痛的医疗体操。

（二）休闲康复运动

休闲康复运动是一种防治疾病、调整情绪的运动方法。包括行走（散步）、跑步、爬山、做游戏、旅游、划船等（见图7-5）。

图7-5　皮划艇运动

（三）器械康复运动

器械康复运动是一种采用特制器械进行运动医疗的方法。主要器械有自行车、木轮转动器、滑轮、肋木、健身球、磁性按牵器、磁性健身棒和球等。

图7-6　器械康复——太极剑

（四）气功康复运动

各种气功都具有防病治病的作用，最受欢迎，得到广泛使用。主要内容有保健功、太极气功、健脑功、五禽戏、"六字诀"、"八段锦"等（图7-7）。

图7-7　气功康复

（五）天然条件康复运动

天然条件康复运动主要指充分利用自然环境条件进行防病治病的锻炼活动，如冷水浴、热水浴、蒸汽浴、日光浴、空气浴、温泉浴、沙浴和泥浴等（图7-8）。

图7-8　日光浴

（六）康复运动处方

康复运动处方是指针对人的年龄、性别、健康状况或患有某种疾病以及运动经历等来确定身体锻炼的内容、强度、次数、时间和要求等，其方式同医生给病人诊断开处方相仿。主要内容有慢性疾病的处方、急性疾病的处方、创伤后的康复性处方和体弱者的处方等（图7-9）。

图7-9 运动处方

（七）康复运动按摩

康复运动按摩是一种借助外力作用于人的机体，使机体的机能在被动运动过程中得到改善，达到恢复机能、促进健康的作用的方法。按摩可用手和按摩器两种方法进行，应用很广泛，康复与健身效果好（图7-10）。

用筋膜枪进行放松按摩

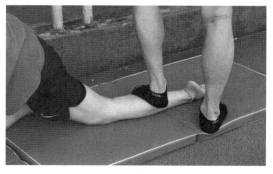
小腿按摩

图7-10 按摩

第三节　康复训练的手段与方法

运动康复的基
本训练方法

一、损伤后的康复运动

疼痛和红肿减轻,移动伤部不会使疼痛加剧时,便可以做一些轻微的运动。如伤部进一步好转时,增大运动范围,增加重复次数以及运动时间(图7-11)。建议的康复运动有:

(1)恢复灵活性和柔韧性的伸展运动。

(2)恢复患部肌肉力量的增强运动。

(3)恢复平衡与协调的运动。

(4)恢复体能的健身运动。

图7-11　正在进行恢复的伤员

进入恢复期,重新开始日常活动。能完成下列的测试,就可以恢复日常训练。

(1)伤部可自由移动而不引起疼痛和僵硬。

(2)伸延周围肌肉而无痛感。

(3)平衡和协调恢复正常。

(4)做阻拦运动时不疼痛。

（5）运动时或运动后不疼痛、不僵硬、不红肿。

二、康复训练的手段与方法

康复训练具有明显的科学性和实践性，必须在教师或医务人员的指导下科学地进行。同时，康复训练又必须有患者较强的主观能动性，积极主动认真地做好每一项活动。康复训练中盲目、过早地进入大强度的负荷活动，是必须警惕的问题。

1. 主动活动与被动活动

（1）主动活动：患处依靠本身的肌肉力量做负重或不负重的功能活动，逐步恢复、增强、提高肌肉的力量、关节活动度及活动的速率。

（2）被动活动：依靠外力的帮助做患处的功能活动，通过被动活动使患处的功能范围逐步扩大，促进患处瘀血、粘连进一步吸收。

（3）主动活动与被动活动的练习次序：一般情况下，先做被动活动，再做主动活动。亦可在主动活动后再做被动活动。若被动活动后做，则进行操作时的负荷量要适当加大，最大不可超过正常的活动范围，否则会造成患处的再次损伤。

2. 动力练习与静力练习

（1）动力练习：利用本身肌肉力量做肌肉、关节、韧带的负重或不负重的功能练习，如做关节绕环、屈伸、跑步，连续跳跃、投掷、拉力器练习、扩胸器练习等。

（2）静力练习：利用本身肌肉、关节、韧带的力量，使患处保持在一定角度的功能位置，控制一定时间的练习。逐步提高强度（角度、时间），促进患处的新陈代谢，增强功能。练习时可控制负荷进行，但最大负荷不要超过本人健康时的强度。特别是对于关节、韧带部位的损伤，静力练习尤为重要。

（3）动力练习与静力练习的练习次序：先做静力练习，再做动力练习，也可在动力练习后再做一次静力练习，但时间要比第一次静力练习少1/2。

3. 逆向练习

康复训练中的逆向练习，对大多数运动损伤的治疗大有好处。尤其对消除机体损伤部位的"痕迹"，更具其独特的功效。

何为逆向练习？简单地讲，腹部损伤的康复练习必做背部的练习，上肢部位的损伤必做下肢部位的康复练习，右侧损伤必做左侧的康复练习。另外，屈、伸肌群，外展、内收肌群，旋内、旋外肌群等，按同理应用。当然，这不是讲不要做患处的康复练习，而是强调做相对应部位的练习，增加活动量，产生健侧机体的优势兴奋，从而淡化、抑制患侧机体的兴奋灶，并使之进入良性状态，达到修复损伤痕迹的效果。

三、急性损伤的康复锻炼

一般认为,伤后要尽量保持全身和未伤部位的锻炼,如上肢损伤时锻炼下肢,下肢损伤时锻炼上肢,并适当配合做腹背肌体操。但注意负担量适当,不可单纯以加大未伤部位的训练量代替已伤部位的功能负荷。急性损伤的早期伤处可暂不活动,以利于促进急性症状的消退,症状减轻后在不引起疼痛或不明显加重疼痛的原则下,应及早进行康复锻炼。

1. 韧带损伤(图7-12)

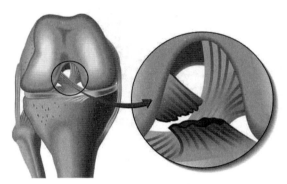

图7-12　韧带损伤

膝关节侧副韧带扭伤者伤后1~2天,即可在粘膏支持带保护下开始练习屈伸活动。韧带部分断裂应固定3周,韧带完全断裂术后应固定4~6周,并立即开始做股四头肌等长收缩练习,进行负重直腿抬高练习,逐步提高负荷重量。拆除固定后循序渐进地做膝关节活动度练习,着重恢复股四头肌和股后屈肌的力量以增强关节稳定性。前交叉韧带损伤时要注意加强股后肌群的力量。后交叉韧带损伤时,要着重增强股四头肌力量。

踝关节韧带扭伤轻者伤后1~2天,可在粘膏支持带保护下练习行走与慢跑,7~10天后可恢复训练。较严重的韧带扭伤可用石膏管固定1~2周,但应带石膏练习行走。韧带断裂后不论手术与否都应固定4~6周,做脚趾屈伸和踝的等长练习,7~10天后带着有跟石膏靴行走,拆除石膏后做踝关节屈伸及足的内、外翻活动度练习和屈伸肌力练习,一般2~3个月后可参加训练。

2. 肌肉肌腱断裂(图7-13)

肌肉完全断裂缝合后固定3~4周,同时做周围肌肉的等长练习,2周后做缝合肌肉的等长练习,去除固定后做增强及牵伸损伤肌肉的练习。

以跟腱断裂为例,缝合后固定3周可做足部等长练习,去固定后在坐、卧位活动踝关节,下地时仍穿石膏靴,5周后着中跟鞋步行,并逐渐降低鞋跟,之后做跟腱牵伸练习,恢复踝背伸活动度,约8周可练习双足提踵,3个月可练慢跑,6个月可全力踏跳。肌肉肌腱部分断裂不需手术修复时应将患肢维持于使损伤肌肉充分伸长的位置,防止挛缩。一般1周后开始牵伸及加强受损肌肉的练习。

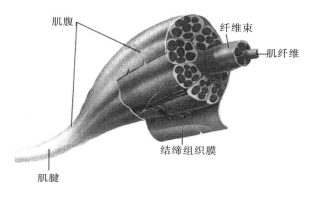

图7-13 肌肉肌腱

3. 关节软骨损伤

非负重关节和负重关节非负重区的软骨损伤,如肱骨小头的骨软骨骨折、股骨远端脂肪垫区骨软骨骨折等,手术后切口愈合后即可负重,做活动度练习及肌力练习,1个月后方可参加正规训练。

关节负重区的骨软骨骨折无错位或复位固定4～6周后,可做周围肌肉等长练习及邻近关节活动,去除固定后做活动度练习及肌力练习,负重练习从缓进行。

四、慢性损伤康复练习

慢性损伤的康复锻炼一般应根据伤病症状程度进行安排。若仅做某一动作时痛,活动完全后不痛者可参加正常训练。平时疼痛,活动完全后不痛者应减量训练。平时疼痛,准备活动后仍痛者,就停止局部练习。

常见运动损伤部位的运动康复训练

此外,注意纠正易致伤的错误动作,避免反复损伤。例如,标枪肘患者应学会投掷时前臂旋前屈腕出枪,防止肘关节过伸与外展。要充分发展代偿功能,如投掷肘症状较重,肘关节不能完全伸直者,应重点发展前臂、肩、腰腹和膝部的肌肉爆发力。注意加强维持关节稳定性的肌肉力量,如髌骨劳损者要加强股四头肌的力量,练习高位站桩等;胫腓骨疲劳性骨膜炎者可在仰卧位下练习踏车动作;跟腱周围炎者可练习全脚掌着地慢跑,由 100 m 逐渐增至 200 m,这有助于改善局部血液循环和消除粘连,缓解症状,促进康复。

五、几种常见病的运动处方康复法

1. 神经衰弱

运动处方疗法:根据病人的不同症状有所区别。凡是精神萎靡不振的可采用比较生动活泼的游戏性和带负荷的竞赛性的身体活动;有间断性头昏或睡眠不好者,可进行散步、慢跑、跳舞、做健身操等活动;体质基础较好、性格较开朗者,可参加球类活动。在确定活动项目与运动方法后,在实施过程中,要严格按照运动处方所要求的运动负荷进行,一般以中等负荷为宜,不要过度疲劳,以免引起病情加重。

2. 心脏病

运动处方疗法:一般的不很严重的心脏病和冠心病患者,可采用一些有氧代谢的运动(即有氧耐力锻炼),如散步、慢跑、骑自行车、游泳、爬山、跳绳、跳舞等。运动负荷开始小,视病情好转情况,再逐渐加大强度,千万不能一开始就采取大负荷的无氧代谢锻炼。

3. 高血压

运动处方疗法:根据患者病情,采用气功、太极拳、散步、做放松操和保健按摩等运动,是治疗与预防高血压的有效手段。练习的时间根据病情来决定。

4. 慢性支气管炎

运动处方疗法:症状轻者可进行一般性体育活动,如跑步,打羽毛球、网球,做健身操等。症状严重者以呼吸体操为主。气温较低时,在户外进行散步、慢跑、做操等活动时,多用鼻吸气、口呼气,多练腹式呼吸。为了加强呼气,运动中适当延长呼气时间,呼气时主动收缩腹壁,可结合运动动作进行练习。专门性呼吸体操每天做 1~2 次,每次 5~10 分钟。

5. 慢性胃病

运动处方疗法:对于慢性胃病患者,除有出血现象时应暂停体育活动外,一般都可进行体育疗法。患者可选择跑步、篮球、排球、足球、网球、羽毛球、跳舞、健美操等运动方式,但运动时间不得过长,饭后 1 小时才能运动。多进行腹肌锻炼和腹式呼吸,还可多参加气功锻炼,这些对胃病有很好的治疗效果。

6. 近视眼

运动处方疗法:每天坚持做眼保健操,经常参加一些球类和灵巧性的体育锻炼,缓解眼部疲劳。

7. 腰肌劳损

运动处方疗法:取仰卧位,使腰背贴床,左右脚轮流举起,动作稍快而轻松,以不引起疼痛为适度,定量定强度锻炼又腰立位;轮流向左右侧转体,定量定强度锻炼;分腿定位,体前屈,动作幅度要尽量大;两腿立位,两手扶腰部做旋转运动,依病情定负荷锻炼。上述方法是治疗腰肌劳损的良好手段。

8. 肥胖症

运动处方疗法:减肥疗法大体分为两类,一类是消极减肥,如节食、少睡眠、针灸减肥、药物减肥、喝减肥茶、蒸汽浴减肥等;另一类是积极减肥,主要是通过各种体育锻炼和舞蹈活动来达到减肥目的。第一类方法是不可取的。第二类方法不仅可以减肥,同时还可美化形体、提高身体各器官系统的机能。运动减肥,开始可做一些走步、慢跑和简易体操练习,经过一段时间后,依身体适应的情况,可增加运动负荷,选择长跑、游泳、球类、太极拳、健身操、跳舞等项目进行减肥锻炼。

9. 心理疾病

运动处方疗法:根据心理疾病的类型,可以选择篮球、排球、网球、羽毛球、旅游、散步、跳舞、欣赏体育比赛、游戏活动等富有趣味性、活泼性的项目进行治疗。

第八章　户外拓展的安全与防范

第一节　户外拓展的基本概述

户外拓展的
基本概述

一、户外拓展的概念

户外拓展有广义和狭义之分。

广义的户外拓展指让人们在户外环境中迎接各种挑战,从中学会应对一系列困难的能力,尤其是运用身体的各种技能应对生存危机和心理压力的考验,从而获得全新体验,改变内心的认知。

狭义的户外拓展是指将管理和心理游戏融入户外运动元素,按照体验学习模式进行的一种团队教育活动。

二、户外拓展的起源与发展

说起户外拓展,先给大家讲一个关于拓展起源的故事。

第二次世界大战时,大西洋上有很多船只由于受到攻击而沉没,大批海员落水。由于海水冰冷,又远离大陆,绝大多数的海员不幸罹难,但仍有极少数的人在经历了长时间的磨难后得救生还。人们在了解了这些生还的人的情况后,发现了一个令人非常惊奇的事实:绝大多数生还下来的人并不是最年轻的,也不是体格最强壮的,反而是那些相对年龄偏大的海员(图8-1)。经过一段时间的调查研究,专家们终于找到了这个问题的答案:这些人之所以能够活下来,关键在于他们有良好的心理素质,他们意志特别坚强,有强烈的求生欲望,家庭生活幸福,有强烈的责任感,善于同他人合作,有丰富的生活经验,当然还有一点点运气。此外,他们不一样的品质还包括团队的协调和配合能力。

图8-1 海滩部分幸存者合影

当遇到灾难的时候,幸存者首先想到的是:"我一定要活下去!"在他们的心中,当时想得最多的是:相信自己能找到办法,努力让自己平静下来,想办法求救或自救。而那些年轻的海员可能想得更多的是:我怎么如此不幸,这下我可能要完了,我不能活着回去了。也有的船员无谓地浪费了太多体力,或者游离了营救的搜寻区域而没能幸免于难。

对于海员幸存者的研究,德国教育学家库尔特·哈恩(Kurt Hahn,1886—1974)(图8-2)博士做出了许多贡献。《伦敦时报》撰文说"我们这个时代已经没有人能像他那样,提出如此有创意的教育理念并具备把它付诸实施的天分"。1886年,哈恩生于柏林一个有地位的犹太家庭,年少的他酷爱野营和探险,但在19岁那年伤了小脑。为了治疗,哈恩在黑暗的房间里待了一年,其间学习了多种身体运动技能。

图8-2 库尔特·哈恩——户外拓展的鼻祖

哈恩在牛津大学学习时受柏拉图教育理念的影响,发掘求救本能以外的训练价值,并进行总结分析,将研究结果用于人在特殊情境下的各种生存训练。哈恩以海员求生为契机深化他的教育理念,并于1920年在德国办了一所寄宿学校,将其命名为萨拉姆学校(也叫和平学校),作为校长的哈恩开始他最初的教育活动。作为犹太人的哈恩后来被迫来到英国,并于1934年在戈登思陶恩建立了一所学校,帮助英国士兵和当时的年轻人,后来这个学校搬迁到威尔士。然而和平学校没有像哈恩想象的那样发展壮大,直到他和戈登思陶恩的船业大亨劳伦斯·霍尔特(Lawrence Holt)相识,两人对海员遇险的共同关注,促使哈恩提议他们联合办学,并于1941年在威尔士的阿伯德威成立OutwardBound学校。

霍尔特认为,"由于错误的培训,在鱼雷击中的商船上许多海员不必要地失去了生命。和饱经风霜的老手不同,较年轻的海员没有经历过风雨,没有学会依靠自己智慧摆脱困境的能力,并且缺乏和同伴无私合作的信念"。霍尔特说:"我宁愿在大西洋中把救生艇给一位八九十岁的老水手,也不愿把它给一位完全以现代方式培训出来的、没有经历过海上风雨的年轻航海技术员。"他坚持"阿伯德威的训练必须在海上经历风雨,而不是在海上观光,这样才能造福各界人士"。

OutwardBound学校除了训练年轻海员、工厂的学徒、警察、消防员以及军校学生,还有普通学校放假或者就要参军的男孩子,他们都成为学校的学生。当时一个月的课程包括小船驾驶训练、要达到合格标准的体能训练、用地图指北针跨越乡村的越野训练、救援训练、海上探险、穿越三个山脉的陆地探险以及针对当地居民的服务活动。活动主要由体育教师组织实施,活动中有严格的纪律制度(图8-3)。

图8-3　OutwardBound学校训练

到这里来的年轻人一批又一批,始终不变的是,当他们被告知在近30天里要实现的目标时,这些年轻人表现出质疑甚至觉得荒唐。可是他们很快被这些活动吸引住了,年轻人尝试完成各项艰难的活动。通过训练,许多年轻人深深地喜欢上了这个最初让他们讨厌的活动。学校的一位老师这么说:"他们抱着错误的目的来到这里,离开时却会因为正确教导结束而留恋。"(图8-4)

图8-4　年轻人的日常训练

第二节　户外拓展的风险与安全意识

从户外拓展的起源,我们不难看出,户外拓展的风险随时存在于我们身边,体现在学习者自身的心理素质、身体素质上。这种风险并不可怕,要正确对待,更多的是一种考验和警示。这种风险可以被认识和控制,只要采取正确的安全防范措施,一般都可保证户外拓展安全、健康、有序地进行。

一、户外拓展的风险意识

在户外拓展过程中,无论是指导老师,还是作为体验的学习者,都有可能承担风险。那么为什么会有风险?这种风险来自哪里呢?我们到底要不要做有风险的事?

曾经有位哲人这样回答:人的一生不参与任何的冒险是在扼杀灵魂,(没有考虑到风险意识,就是过度冒险)但是过度的冒险会扼杀生命!

当风险与安全在我们的头脑中出现时,一些人会以为"安全"是一个实实在在的概念,而"风险"是一个模糊的假设。事实上,两者完全相反。风险总是存在于户外拓展之中,而真正的安全只存在于假想的情形中。因此,存在的风险是事实,绝对的安全是臆想。必须清醒地认识这个关系,只有意识到风险的存在,才能努力将它降到最低。

请记住:"风险是真实存在的,安全是虚无缥缈的。"

户外拓展活动中没有绝对的安全。风险一直在我们身边,稍不留神就会出现。活动组织机构和拓展老师应该仔细地检查自己的书面和口头语言,尤其要注意"安全"一词的运用方式,而事实上许多拓展老师喜欢回避"风险"这个词语,因为他们害怕对风险问题的讨论会给学生带来负面的影响。然而,"绝对的安全显然是不可能的",如果不能够坦诚与之交流,一旦承诺这种活动"绝对安全"就意味着自找麻烦。因为这不仅加大了老师犯错的机会,也会给学生造成错觉,这就是为什么要直面风险的原因。回避风险不可取,受训方应在充分了解风险的情况下,自行选择参与与否。组织者所能做到的只能是按照规范操作,避免风险出现时手足无措。

应对风险的安全实践,就是采用标准的操作方式,把风险的可能性降到最低,或者将风险挡在转化为事故的门外。当然,对可以接受的风险的评估是主观的,也会因人而异,不同的价值观、不同的个人规避风险的能力,对同一等级风险的不同判断,都是影响因素。应对风险的实践要通过不断的回顾发展演变,建立在实际经历和其他包括研究实例和法庭决断的经历之上。按照拓展项目的风险值可分为高、中、低三个等级。

风险的存在也是户外拓展的魅力之一,体验风险并将它抛在身后的感觉很惬意。尽管风险存在,但它吸引越来越多的人参与其中,尤其是人们感到很脆弱或者感觉危险时,战胜风险,重归安全的感觉是极其美妙的。从社会学的角度来看,在风险活动中追求安全成为越来越有价值的目标。真正的安全也绝不能通过遵循固定的法则来实现,只能随机应变,依据变动的因素实现安全预案。因此,应对风险时"安全预案"的灵活运用是非常重要的。

二、户外拓展的安全意识

安全工作是户外拓展中的一件大事,户外拓展的机构、拓展教师和学生都必须绷紧"安全"这根弦,要把"安全"二字放在重要的位置。没有安全就谈不上户外拓展的效果。

初次接触户外拓展,许多人顾虑活动是否安全,即使拓展教师就此做出承诺,对安全的疑虑也会伴随着学生们直到课程结束。户外拓展中的空中抓杠、垂直速降、高空断桥、信任背摔、求生墙等项目的确让人觉得很危险,但活动本身侧重的其实是心理挑战,只要操作合理,在安全方面可以获得充分的保障。不过从另一层意义上讲,学生对安全有所顾虑,对运动的实施与安全管理都是有益的,在设计这类课程时应当有所考虑。

我国现有的户外拓展课程项目中,课程的设计已经降低了活动的风险性,在这种具有风险的行业里,由于对其安全问题的认知程度与操作规范程度都处于较高水准,事故率也处于较低的状态。但是并不能就此放松警惕,我们必须清楚地知道,一旦户外拓展出现事故,其伤害程度较大,后果较严重,将给受伤者身心造成不良影响。

第三节　户外拓展的设施安全

户外拓展的
设施安全

户外拓展在产生的过程中,是以在各种地形条件恶劣、周边环境复杂、天气多变、处处危机的情境中训练生存能力为开端的,虽然在后来演变过程中风险不断降低,但其所保留的运动特点注定了其固有的风险仍然存在。

一、户外拓展的场地安全

不同的场地条件,存在的风险是不同的,一般说来野外环境下的拓展比人工建造的场地户外拓展更危险,由于不可控因素的增加,风险出现的概率也会加大,因此必须在有经验的拓展教师的指导下进行户外拓展。运动中对不熟悉的环境应该更加小心,过于冒险并不是一件好事。然而,很多事故往往出现在看似安全的地方,因此即使环境看似相对安全,也要保持充分关注安全的好习惯。

场地使用上的细节也是降低风险、减少事故的重要因素。

比如,高空项目在雷雨天气中禁止使用,如果学生在高空中,应立即回到地面,并且远离练习器械,雷电有时会使学生受伤甚至丧命。在多雨的地区进行户外拓展,雨后造成的湿滑也要多加防范。又如在"高空断桥"项目中,雨后断桥上的木板容易打滑,这时需要铺盖毛巾来解决问题。

除了上述所举例的实操注意事项,在拓展场地里醒目的位置张贴安全警示语,也是减少事故的重要方式。"在无保护情况下禁止攀登""在教师指导下进行活动""禁止吸烟""注意落物""安全区"等警示语,能明确地提醒体验者要注意的事项内容(图8-5)。

任何一个户外拓展场地都要有安全条例,所有进入拓展场地的参与者、观摩者,均需阅读并接受安全条例后,方能进入场地内进行活动。

图8-5　浙江大学户外拓展场地的安全条例

浙江大学户外拓展场地(图8-6)是2016年9月份开始启用,由浙江大学公共体育与艺术部主任吴叶海老师牵头组织实施建设。经过近5年时间的调研、策划、设计、建设,在2016年初建设完成。浙大户外拓展场地建立在美丽的浙江大学紫金港校区运动综合区域,走进场地内,绿荫环抱,干净整洁,功能区域清晰,比邻东西田径场、气膜网球馆、紫云篮球场,为浙大最集中核心运动区域。场地面积约2000平方米,供浙大学生参加户外拓展课、攀岩课,户外运动的教学实践和社团活动等。

浙江大学户外拓展场地包含了三个区域,包括攀岩区、拓展区、力量健身区。

攀岩区,采用的法国EP生产商制造的岩壁,包括了20条攀爬线路,其中2条国际速度标准线路。岩壁正面高17米,宽20米。背面是一面高4.5米,宽20米的攀石场地。

拓展区,具有综合高空训练架,其中包括经典的高空拓展项目:高空断桥、高空抓杠、巨人天梯等项目。浙大户外拓展器械架,包括高空攀网、绝壁求生、高空跷跷板、高空相依、高空吊环、高空交叉绳、高空DNA、高空缅甸桥、力量圆环等项目内容。除此之外,拓展区还有两面求生墙、两个信任背摔台。

健身力量区,是200平方米的力量健身房,用于户外力量训练健身。

出于安全角度的考虑,浙大户外拓展场地采用封闭式管理,上课期间非上课人员是禁止入内的。学生可以利用学校举行的户外课外辅导站、精品课程和户外体验开放日等活动进入场地，在专业教师的指导下进行体验活动。学生的人身安全是学校关心的大事，因此浙大拓展场地的建设，遵守了最高的安全建设标准，保证了学生们可以在相对安全的区域，做更多锻炼身心的运动。

图8-6　浙江大学户外拓展场地

二、户外拓展中的器械安全

"工欲善其事，必先利其器。"

户外拓展中大量使用各种保护性器械、辅助性器械、模拟性器械和道具等。它们的使用主要是为了保护参与者安全，增强户外拓展真实性，更好地完成模拟情境运动。器械的选择与使用，对户外拓展起着至关重要的作用。器械的购买必须认定产品的产地、规格、资格认证等。按照安全要求来使用器械是确保其使用寿命的基本要求，合理的保养维护是降低器械损耗，确保安全的重要部分。

保护器械主要有头盔、安全带、保护绳、锁具、制动器等，这些器械都有严格的淘汰要求，一定要遵章执行。

（一）保护性器械

1. 头盔

户外拓展活动中，戴上头盔能够使外在的危险降低一半左右。头盔的种类很多，户外拓展的头盔必须具有质轻、抗震强度大、通风不闷的特点，还要有合适的防震内套，保证受冲击后有良好的吸收性，以减轻头部的震动。

不论参加场地户外拓展的高空项目，还是户外拓展中的攀爬与下降项目、水上项目或者绳索课程，都应该戴上头盔。值得一提的是，目前多数情况下仅注重学生对头盔的使用，但忽略了拓展教师对头盔使用的要求。对于拓展教师而言，保障自身的安全也应包括对头盔的合理使用，与此同时还可向学生传递安全的理念。

头盔应选择质量好，功能简单的。这类头盔具有款式经典、重量轻、舒适性和透气性好的特点。头盔外壳一般采用聚乙烯材料，流线型设计，内层采用尼龙材料，外壳与内层之间采用无铆钉连接,使总体舒适感增加。颈部采用简单快速的收紧系统,可以随时将头盔调到一个最舒适的松紧度,紧贴皮肤的部分采用速干、透气材料,以保证舒适度。头盔两侧的通风孔可以降低头盔内温度并帮助排汗,这既减少汗水顺着面颊流下的概率,也有助于保持头脑的清醒。

初次使用头盔,有些学生感觉很别扭,不愿意戴上头盔,也有一些人戴上头盔后喜欢用手不断地整理调节,这和头盔穿戴是否合适有直接的关系。要尽量选择适合头型的头盔,而且尽量一次调节到最合适的状态。使用头盔时需要注意以下事项。

(1)尽量使用全可调的头盔,包括头围与颈部的收紧装置(图8-7)。有些头盔是在塑料外壳内固定了一层泡沫层,头围大小不能调节。如果头围较大的学生穿戴,头盔会高高地翘在头顶,紧紧勒住颈部,既不美观,又不安全。

图8-7　头盔后面调整头围的卡扣

(2)不要将头盔的前后戴反,头盔和棒球帽一样都有前后之分。尤其是非流线型的半圆头盔,无意间戴反是常有之事,这样很容易遮盖眼睛,影响视线。

(3)长发同学穿戴时,需注意整理长发。将长发用橡皮筋束紧盘在头盔里是最好的选择,如果长发在头盔外飞舞,很可能和安全带或绳索缠绕在一起,尤其在类似"空中单杠"这样的项目中,全身式后挂安全带与头发缠绕会带来一定危险。另外,头上佩戴的饰物应该摘下,有时饰物会与头盔里的震荡缓冲装置"纠缠"在一起,应避免该类麻烦的出现。

(4)给学生戴头盔要注意细节,体现人文关怀。如果颈部的收紧带是搭扣的,在扣上时必须用手指垫在学生的颈部,防止扣紧搭扣时夹伤学生的皮肤,且应将使用方法教给每一个学生。

头盔不仅能够保护头顶,而且还会保护眼睛与脸部,尤其是流线型较好的头盔,有一个前遮,仰角可以调节。在一些快速移动的项目中,这样的头盔可避免树枝或绳索伤到脸部。头盔的内径有些是可以调整的,有些是固定的,内径固定的头盔往往会有不同的型号。目前有些头盔加入了现代技术,比如内部模具控制系统、震荡缓冲线形系统、骨骼框架外壳拼贴系统和温度调节系统。

图8-8　浙大学生在参加挑战前佩戴好头盔并相互检查

2. 安全带

安全带是人与装备的连接枢纽,常用安全带主要分为半身式安全带、全身式安全带、胸式安全带。安全带就运动功能的不同,还可分为登山安全带和攀岩安全带。由于运动项目不同,功能侧重点也有一定差别,因此攀岩安全带一般不能用于登山,但是登山安全带可以用于攀岩,户外拓展中这两种安全带均可以使用。

(1)半身式安全带(图8-9)

图8-9　半身式安全带

半身式安全带又被称为坐式安全带,主要由腰环、腿环、攀登环、保护环和装备环组成,即"五环"安全带。该安全带穿戴方便,适合户外拓展中的学生使用。现在许多安全带的腰带与腿带都可以调整,腰带采用独特的喇叭口外形设计,可以提供更理想的支撑和舒适性,使动作更加不受限制。可调安全带腰部调整范围60～100厘米,腿部调整范围45～72厘米,重量在300克左右。

安全带在穿戴时应注意以下要点:必须分清上下、里外、左右,尽量避免颠倒、扭曲;根据用途选择合适的尺码,穿好后须松紧适度;安全带须穿在衣服的最外层,操作时不得有任何遮掩;尾带必须反扣回去(带自锁卡扣除外),若反扣,扣后尾带长度应大于8厘米;在进行任何操作如攀登、下降等前必须再一次进行检查是否达到安全要求;攀登过程中不能解开或调节安全带;装备挂环不能用于保护、下降等任何受力操作(最多承重5公斤)。

半身式安全带在穿着和调校过程中,要遵照以下安全穿着原则:

①攀登环朝前,理顺结构,无缠绕(图8-10)。

②腰环高于髋部(图8-11)。

③先紧腰环,再紧腿环。

④收起过长的尾带(图8-12)。

⑤四指下插检查。

⑥攀登环不得覆盖。

⑦同伴相互反复检查(图8-13)。

图8-10　理顺半身式安全带

图8-11　整理安全带

图8-12　收起过长的尾带

图8-13　同伴相互检查

（2）全身式安全带（图8-14）

图8-14　全身式安全带

全身式安全带一般在户外拓展的空中跳跃项目中使用。它的优点是可以防止人在空中翻转。该类安全带一般由45 mm的宽扁带制成，全身可调，统一尺码。胸围最大尺寸108 cm，腿围最大尺寸90 cm，常见的全身式安全带前后各有一个挂点（图8-15），有的配装备环。重量一般为600克，轻便型的在400克左右。

图8-15　全身式安全带后背的挂点

全身式安全带的穿着和调校过程请遵照以下安全原则：

①确定宽扁带没有发生任何缠绕。

②通常从身后方向开始穿着，先穿腿环，再穿肩背带（图8-16）。

图8-16　全身式安全带的正确穿法

③调节时先从腿环开始。

④看到卡扣上标有英文单词"DANGER",说明卡扣没有自锁功能,需要进行扁带反穿,如果反穿后,"DANGER"将会被覆盖,说明已经"SAFE"。

⑤将多余的尾带穿入弹性皮筋中,避免松脱(图8-17)。

⑥连接点最佳位置是胸部与肚脐之间(图8-18)。

图8-17　收紧多余的肩带

图8-18　连接点的最佳位置

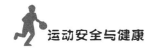

（3）胸式安全带（图8-19）

图8-19　胸式安全带

胸式安全带大多是全可调的，由45mm的宽扁带制成。使用胸式安全带是非常必要的，胸式安全带可让使用者在出现意外时不至于头下脚上。胸式安全带不能单独使用，通常要配合半身式安全带使用。在一些户外拓展项目中，胸式安全带无法代替全身式安全带，因为在冲击力较大时，身体上半身承受的力过大会造成危险。另外，儿童不能使用胸式安全带。

胸式安全带的穿着和调校过程请遵照以下安全原则：

①不能单独使用，通常配合半身式安全带（图8-20）。

②确定宽扁带没有发生缠绕。

③将多余的尾带收起。

④必须调节至合身以减轻下降时胸部的压力。

⑤攀爬前相互检查。

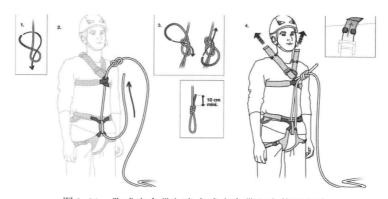

图8-20　胸式安全带与半身式安全带配合使用方法

3. 保护绳

户外拓展的绳索(图8-21)是户外拓展活动中最重要的器材装备,上升、下降、跳跃等各项活动都需要保护绳的保护。铁锁、安全带等众多用品也是重要的安全装备,只有和保护绳联系在一起时才能发挥作用。

图8-21　户外拓展用的各种颜色的动力绳

在户外拓展中,我们经常用绳索在攀登者与保护者之间建立起一种可靠的连接,为操作者提供安全的平衡过渡。它的主要作用是当攀登者无论因何种原因坠落时,都能得到有效保护。绳子由绳皮和绳芯两部分组成,绳芯由纤维组成,是主要的受力部分。户外拓展用绳一般分为两种:动力绳与静力绳。

(1)动力绳(dynamic rope)(图8-22)

动力绳是一种采用若干股交织绳外加单层外网的网织绳,动力绳的外皮分为单织和双织两种,一般来说,单织外皮摩擦力较小,比较耐磨。直径在10毫米以上的动力绳被称为主绳。动力绳的延展性是6%～8%,UIAA(国际登山联合会)规定动力绳的延展性要低于8%,否则保护绳将变为"蹦极绳"(蹦极绳的延展性>10%),使学生在空中上下弹起,使保护者不容易控制下降距离,容易产生危险。

图8-22　动力绳

在户外拓展的高空项目中，若参与对动力绳冲击力较小的非跳跃性项目时，可单独使用一根动力绳，比如"巨人梯"。而在跳跃性项目中，如"空中单杠"，必须使用双绳，每根绳子要单独挂入保护点，以承担冲击力。还有一类直径在8毫米左右的绳子，这类绳子只能双绳同时使用，单独使用是危险的。要强调的是我们所使用的绳子必须有UIAA或CE（Conformite Europeenne，欧洲统一）的认证。

在学生进行户外拓展活动时，绳索一般情况下仅扮演安全防护的角色。在体验过程中，绳索并不能有很强烈的牵拉感，只有在意外出现时才能够发挥作用。比如在"高空断桥"项目中，学生只有从断桥桥面上滑脱时，绳索才会起到保护作用，正常情况下甚至可以假想绳索并不存在。但需要万分注意的是：

户外拓展拒绝FREE SOLO（无保护）！！！

无论有多大的把握，绳索绝对不可以摘除，而且必要时还要设置双重的绳索保护，加大保护力度。

（2）静力绳（static rope）

静力绳的延展性低于1%，或视为理想状态下的零延展性绳子，这类绳子一般用于速降（沿绳下降）（图8-23）。使用时安装上升器与止坠器等沿绳上升或下降。需要注意的是，保护绳重要技术参数包括：绳子的最大拉力、标准冲击力、延展性，以及国际登山联合会规定的下落次数。静力绳不可以用于空中的跳跃等动态动作，当体验者冲坠时，绳子的延展性小，会让体验者的身体受到更大的冲击力而受到伤害，甚至危及生命。

图8-23　速降

因此对于户外拓展来说,要分清楚绳子的功能与用途,下面有几方面的使用要点。

①分清楚动力绳和静力绳

动力绳通常在实现空中动态动作中使用,而静力绳应用于沿绳上升和下降。两种绳索不能互换使用,要根据具体的使用目的而选择合适的绳索,才能实现安全操作。动力绳通常颜色比较鲜艳,样式比较新潮。而静力绳通常只有黑白两种颜色,白色静力绳居多,有些静力绳主绳上带有很多的红色或者黄色的斑点,这些斑点是用于快速摩擦时的阻燃。

②选择合适长度

绳子长度通常用米计算,整条绳子长度一般是200米左右。根据场地的使用需求,进行绳索的切割,户外拓展用绳一般在25～30米即可。在做长绳切割时,尽量使用热切刀,这样切割后的绳索不容易脱线。

③选择合适的直径

绳子的直径一般用毫米表示。几年前,直径为11毫米的绳子很流行,现在多用直径10.1～10.5毫米的动力绳,甚至有些会更细。绳子粗,绳子的保险系数会增加,但同时重量也会增加。例如,拓展教师带了4个30米粗绳攀登,挂保护垫,体力是一个很重要的考验。因此,可以选择10.1～10.5毫米粗的绳子,不仅绳子的重量会减轻,而且保护性依旧可靠。对于拓展教师来说,"避重就轻",是更佳的选择。

④保护绳的保养

户外拓展用绳子基本不用清洗,如果污渍实在严重可以用清水或淡肥皂水清洗,平时还要注意保持干燥,避免长期暴晒。绳子怕火,因此在场地内禁止吸烟以及明火;绳子怕坚硬的利器,如锋利的玻璃、刀等;绳子怕与硬物摩擦,比如岩石、钢筋、铁板等;绳子怕与绳子相互摩擦,绳子在使用过程中缠绕,会让绳子和绳子摩擦,降低绳子的使用寿命,因此要时刻关注;绳子怕踩踏,最好避免保护绳与沙石地面接触,在使用时收起的保护绳可以用垫子垫起来,用完要收拾整齐,保持干净整齐。绳子并不怕雨水,但是雨水淋湿过之后的暴晒,会降低绳子的寿命,通常采用风干方式。

⑤规律用绳

一般保护绳的设计是,两端1米处柔软,以易于打结,其他部分则耐磨。如果是裁成两段的绳,最好每次都能分清中段与绳头。如果可以,不同项目使用的绳最好专用,这样可以按不同项目对绳的使用程度进行合理评估。

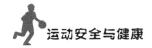

⑥保护绳的更新换代

如果保护绳受过冲坠系数2的冲坠,正常使用3年就应该更换,即使很少使用,由于材料的老化,4年也到了淘汰期。当然如果绳子受到较大的磨损,应该提前退役。

除此之外,切忌购买任何二手装备,无论是锁具还是保护绳,因为你不知道上任主人对装备的使用情况,更不能轻易借用装备,这绝对危险。

(3)绳子的相关术语指标

国际登山联合会(UIAA)对绳子的延展性的测试方式为,先在绳子上系一个5公斤的重物,进行预拉伸,之后重量增加到80公斤,计算此时绳子的延展率,该值通常不大于8%。

情况1(左侧):绳索长度=10米,下降长度=4米,因此下降系数=4/10=0.4。绳索长度很长,因此吸收能力很强,冲击力低。

情况2(右侧):绳索长度=2米,下降长度=4米,因此下降系数=4/2=2。绳索长度短,因此吸收能力弱。

坠落系数:由坠落的严重程度决定,系数越大,坠落越严重。在攀登中,坠落系数的值通常是0～2,它是由下坠距离除以起作用绳子的长度计算得出的。坠落的严重程度并不是坠落的距离,而是这个比值,因为起保护作用的绳子越长,它就可以有更长的延展来吸收坠落的势能。

坠落系数=坠落距离/有效的绳长

如果坠落距离是4米,有效的保护绳长为2米,则坠落系数为2(图8-24)。

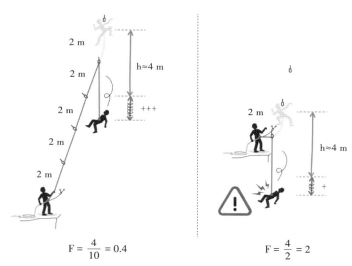

$$F = \frac{4}{10} = 0.4 \qquad F = \frac{4}{2} = 2$$

图8-24　坠落系数和冲击力

如果坠落距离为4米,有效的保护绳长为10米,则坠落系数为0.4。

坠落系数只是一个理论上的参考值,因为攀登过程中每个保护点之间、绳子拐点等都会产生摩擦力,绳子又具有延展性,保护员制动的绳长也不等,因此最终的坠落系数会有偏差。

冲击力:当攀登者发生坠落后,所产生的能量将被保护系统,特别是绳子所吸收。如果绳子能够很好地吸收坠落的能量,攀登者受到的冲击力就会减小。当发生坠落后直至被制动住,攀登者所承受的力量称为冲击力。冲击力的大小是根据坠落系数、攀登者的体重和绳子吸收坠落能量的能力所决定的,它是一个综合动态的系数。

(4)使用绳索时应注意的事项

绳索是保护学生安全的重要工具,户外拓展中使用保护绳索需注意以下几个方面。

①使用前仔细检查绳索有无伤痕,或是否发生扭结情形,用手感受绳子是否有凸包或粗细不匀的地方,出现这些情况的绳子都可能在使用时断裂。

②避免绳索脏污是绳索使用寿命的重要保障,脏污是导致绳索劣化的主要原因,也会使其强度变差。户外拓展中不要将绳子直接置于地面,尤其是较多沙砾的地方,下方保护时主绳尾端最好放在垫子上。不要让油渍等污垢沾染到绳子上。此外,如果不小心弄脏了绳索,使用后一定要将沾在绳子上的脏污处理掉。

③时刻提醒学生不要踩踏在绳索上,避免踩踏而产生的劣化。此外,若有小沙子等跑进绳子内,负重时也可能会有断裂的危险。拓展教师有时会只关注攀岩中的学生,不知不觉间将绳踩在脚下,移动时应观察脚下的保护绳,养成不要踩踏绳索的习惯。

④严禁在绳索附近抽烟或使用明火,即使只是火星溅到绳索上,但受伤的保护绳对我们的安全保障已荡然无存。

⑤避免弄湿绳索,即使是有防水功能的绳索,也要尽量避免在绳子弄湿的状况下使用,因为吸了水的绳子不但重,而且易滑,非常难以使用。

⑥有些地方会将某些器械用保护绳连接,长期固定在器械架上,比如"空中单杠"项目的单杠。如果用保护绳连接,一定要经常更换,并且要在使用后拆卸下来。

⑦避免向别人借曾经使用过的绳子,或是将自己的绳子借给别人。在不知情的状况下,若使用曾经承受过突然的大重量冲坠的绳索,绳索会有断裂的可能性,造成危险。

⑧更新有擦伤、割伤或者磨损的绳子,频繁使用两年以上的绳索,即使没有明显

的伤痕,也必须替换。即使很少使用的保护绳,四年后也应该将其淘汰。

产生扭结的绳索也有可能因重量的冲击而断裂,须多加留意,所谓扭结是指绳子上产生的扭曲情形。绳子若出现扭结,需要在使用前拉住绳子的一端将扭结处恢复,而使用后的整理,最好采用不易产生扭结的捆绑法。

4. 锁具

户外拓展中使用的铁锁与登山活动中的相同。早期登山使用的钢制铁锁的特点是坚固耐用,承受拉力大,能达到40～50kN,相当于现在的2～3倍。缺点是重量大,增加攀登者的负荷,无法大量携带,后逐渐由铝合金锁替代,铝合金铁锁质轻且坚固。目前使用的铁锁是钛合金材料制成的,优于铝合金的铁锁。然而在户外拓展中,场地上的高空项目一般离住地较近,所需带的装备不多,由于钢制铁锁能承受较大的拉力,所以在高空项目中,上方保护站建议使用钢制铁锁。

铁锁是户外拓展中用途最广,且又不可缺少和替代的器材,活动中铁锁的主要用途是连接保护绳与保护点,在活动中铁锁可以替代许多复杂而烦琐的绳结。安全带、上升器、下降器等许多攀登装备的使用都要靠铁锁来连接。在户外活动中,铁锁是最重要的安全保障,所以又把铁锁称为安全扣。保护绳是通过铁锁连接在保护点上,任何一只铁锁都必须坚固到足以承受学生突然坠落时的冲击拉力。根据国际登山联合会的坠落试验,保护绳索至少要能承受12kN的拉力,由于绳索在铁锁上制动摩擦,铁锁的随负荷应是国际攀登联合会坠落实验中的保护绳索承受负荷的1.3倍,所以铁锁至少要能承受15.6kN以上的冲击拉力。也就是说,在严重的坠落中要想获得最大安全,铁锁最起码要能够承受起这样的负荷。铝合金铁锁的正常拉力一般在20～30kN,以保障攀登者的安全。如果一把铁锁不能确保安全,可以两把同一型号的铁锁一并使用。

铁锁种类一般分为O型铁锁、D型铁锁、H型铁锁。

在户外拓展中很少使用O型铁锁(图8-25),虽然O型铁锁摩擦力小,使用范围广,在相对复杂的情况下方便使用,但是O型铁锁的负荷是铁锁两边平均分担,锁门容易受损,承受冲击拉力的能力相对较弱,一般只能承受15～18kN的拉力。在拓展活动中,O型铁锁一般用于上升器、滑轮等装备的连接,在正常情况下不承受冲击拉力。

图 8-25　O 型铁锁

D 型铁锁(图 8-26)是攀登中使用较多的一种铁锁,形状多为大三角或者大 D 型,也称保护铁锁。D 型锁比 O 型锁更加坚固,几乎全部的负荷是由 D 型锁锁门对面的长边承受,因此承受冲击力能力较大,安全系数高。

图 8-26　D 型铁锁

H 型锁(图 8-27)又称为梨形锁,因为这把锁从外形上看像一个鸭梨。这是在户外拓展中最常用的一种锁,因为传统的 D 型铁锁锁门开口较小。在拓展课程当中,一般是学生轮流参加某一个高空项目,挑战结束后就换下一位学生,拆挂铁锁比较频繁。选择 H 型锁,便于交替体验时摘挂。保护员在使用过程中,由于有梨形的圆头,相对于 D 型锁来说,可保护的范围更大。在遇到特殊情况时,若没有制动装置,可以使用 H 型锁与保护绳(意大利半扣结),进行急救速降。

图 8-27　H 型锁

在户外拓展中经常使用一些能自动锁闭的铁锁,称为自动锁。其中包括O型自动锁、D型自动锁和H型自动锁。这类锁对于初学者来说,不仅可以减少很多麻烦,也可以确保每一次都能完好地锁住锁门。使用这类铁锁时需要注意不要被铁锁锁门夹伤手指,要经常检查锁门的扣是否能正常使用。

不同型号、不同品牌的铁锁拉力指数不同,以下仅供参考。

(1)纵向拉力:大于20 kN;

(2)横向拉力:大于7 kN;

(3)开门后拉力:大于7 kN。

使用铁锁的注意事项如下:

铁锁在使用前必须仔细检查是否有龟裂或裂痕,开口的开启、闭合要平顺没有阻碍,在承受一个人的重量时,开口能够打开。假如铁锁在使用一段时间之后,开口易粘住、打不开,可能是开口或锁口有损伤,也可能是污物积在枢纽或弹簧处。损伤的刻边可用锉刀小心磨掉,开口生锈和枢纽或弹簧处的污物,可将煤油、溶剂或汽油等滴在枢纽、弹簧的孔内,并开闭开口直到平顺为止,然后把铁锁放在沸水内煮,以除去清洁溶剂。如果是由于开口弯曲无法开启,那该铁锁无法再使用了。

铁锁的使用非常简单,扣入支点再扣入保护绳即可。但在使用时,为增强安全性,有几个方面需要加以注意:

1. 由于铝合金与钛合金铁锁的材质特殊,铁锁如果从1米多的高空平落在坚硬的地面或快速撞击在硬物上,应暂停或放弃使用,以防铁锁内有裂痕,再受到强大拉力时断裂。

2. 户外拓展与攀登不同,在穿半身式安全带时,铁锁锁门除了和安全带摩擦,还会跟身体及衣物摩擦,因此多数锁门开口应朝向外侧,防止多次摩擦后会打开。

3. 高空跳跃项目中,由于冲击拉力较大,学生身上的保护点与保护绳间必须用两把铁锁,锁门方向相反,各连接一条保护绳。

4. 连接点和保护绳索,不能同时连接三个以上的铁锁,因为这样的连接会使铁锁纠缠并且扭开。

在高空需要换锁时一定要先挂上锁再摘下另一把锁,不论参选者是否站在高台或抱住固定物,任何时候都不可以出现保护点完全摘除的情况。

挂铁锁的技术如下。

(1)挂:打开锁门,挂入安全带等。

(2)拧:将锁拧紧,此时要注意,不要太紧,防止要逃脱时,铁锁锁门抱死,打不开。

（3）转：以 H 型锁为例，通常是把大头一侧朝向攀登者方向。

（4）按：按压锁门确保锁门已经锁紧。

5. 制动器

（1）8字环（图8-28）

图8-28　8字环

　　8字环是最普遍的保护器材。它经常用于户外拓展的高空项目，保护人员在下方保护学生的安全。通过主绳的连接，学生在上升、跳跃、通过与下降时，能够感受到来自地面的保护。而保护中非常重要的一个器械就是制动装置，其中最常用的就是8字环，其作用是增大主绳子的摩擦力来确保同伴和自己下降时的安全。8字环优点很多，比如说，不是很挑保护绳的直径，9.8～12 mm 都可以使用，相对于其他的制动器，8字环可谓是"物美价廉"的不二之选。但缺点也不可忽视，下降时绳子易互相缠绕，很容易将一些衣物绞入其中，很难取出（现实发生过女同学衣物被卷到其中的事故）。另外8字环是采用摩擦制动的制动器，保护过程中，没有任何的自锁功能，因此只能集中精力进行高空保护。

　　小窍门：

　　在高空作业，携带或者悬挂8字环时，通常都用大头一边扣入锁扣，放入保护环内，在安装保护器时，可以防止8字环脱落（图8-29和图8-30）。

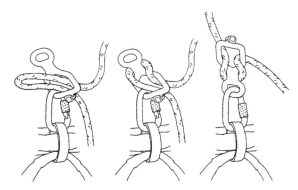

图8-29　将8字环大头扣入铁锁,防止高空作业时脱落

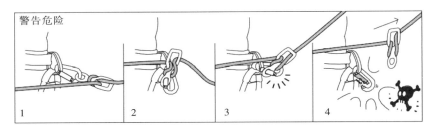

图8-30　保护时8字环要在正确的位置,否则很容易拉断锁门

（2）verso & reverso

以上两种制动保护器（图8-31、图8-32）在进行户外拓展的保护时都可以使用,具有相同的使用方式。区别在于reverso保护器相对于verso保护器可以做上方的保护（图8-33）,也可以改变保护方向,这个功能多用于登山攀岩,户外拓展中使用很少。这种保护器对绳子的直径是有要求的,需要直径为8～11毫米的保护绳,才能起到保护作用（图8-34）。

图8-31　verso制动器

图8-32　reverso制动器

图8-33 reverso保护器上方固定保护

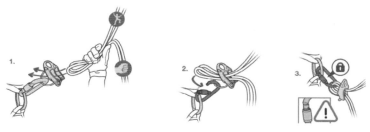

图8-34 reverso使用方法

而verso保护器(图8-35),需要配备使用8.5～11毫米的保护绳,才能有效工作。保护绳的直接小于10.5毫米时,保护过程会极其顺滑,应在多次预保护测试后,才能进行安全保护。在潮湿环境或者雨天工作时,保护绳和保护器的顺滑性会受到影响,需要谨慎使用。

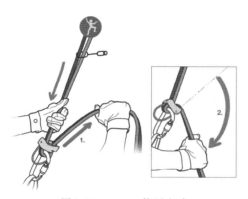

图8-35 verso使用方式

在户外拓展领域,建议大家使用ATC类的保护器。由于生产厂家不同,保护器的名字也各不相同,最早开始使用的这种保护器是Black Diamond(黑钻)公司生产的保护器,名称为ATC,这个也是最出名的一款保护器,之后类似的保护器都会称为ATC类保护器。

(3)GRIGRI

GRIGRI保护器(图8-36)是一种凸轮挤压机械制动保护器。它带有辅助制动的系绳装置,俗称防慌乱技术,适用于直径为8.5~11毫米的动力绳。在实施保护的过程中,先按照正确的图示进行安装(图8-37),始终将手放在绳索的制动端。当攀登者跌落冲坠时,装置受力于安全扣的轴心上,绳索迅速拉紧同时凸轮将绳索卡死,缠上制动。通过手握住制动端的绳索帮助抑制制动凸轮,所以一直抓住制动端绳索尤为重要。当保护下降者时,拉开保护器的制动把手(图8-38),抓紧绳索的制动端,缓慢下降,直至攀登者平稳落地。

图8-36　GRIGRI的使用方式

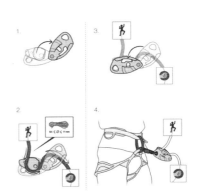

图8-37　GRIGRI的正确安装

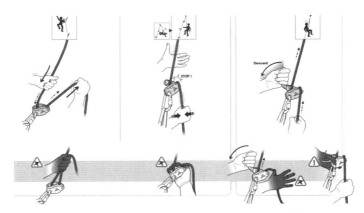

图8-38　GRIGRI的正确保护技术示范与错误警示

在使用GRIGRI保护时应牢记以下原则:

(1)要始终握住制动端(图8-39);

(2)不要抓握保护器(图8-40),不要按压制动器(图8-41),握住凸轮会导致绳索的制动功能失效。不要一直把拇指按在凸轮上(图8-42)。

(3)始终关注攀登者。

(4)GRIGRI不能用于自我保护的上升和下降。

图8-39　时刻手握制动端

图8-40　不要手握GRIGRI保护器

图8-41　不要按压制动器

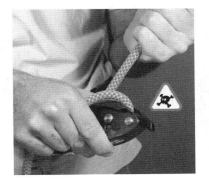

图8-42　拇指放置位置不正确

(二)辅助性器械

1. 水上救生衣(图8-43)

户外拓展水上项目包括跳台跳水、扎筏、舟渡和泅渡,以及在水面以上高空进行的绳桥、飞降等。凡是在水中或参训者有落水可能的项目,无论会水与否,都要求参训者必须全程穿戴救生衣。救生衣必须是符合国家强制性标准规定的江河湖泊营运船舶所配备的半身式救生衣。

图8-43　水上救生衣

2. 保护垫

主要有求生项目用的海绵保护垫,背摔、电网等项目所使用的保护地垫(图8-44、图8-45)。

图8-44　可折叠的保护垫

图8-45　海绵保护垫

(1)求生项目海绵垫

要求选用大小不小于2 m×3 m(以3 m×4 m为宜),厚度不小于0.3 m,中等软硬度的田径跳高垫。允许两块垫子连接使用(便于折叠保存),使用时缝隙向下。

(2)背摔、电网等项目保护垫

要求在硬质地面进行的背摔项目(水泥、沥青、石板、经常受踩踏而板结或不平坦的土地),必须使用带有一定弹性的塑胶或海绵体操垫。大小不小于1.5 m×2.5 m。在其他地面做背摔、电网项目,建议也使用塑胶或海绵体操垫。

3. 扁带(图8-46)

可根据需要,选取长短不一的绳套,用于器材之间的连接或固定空中作业者,也可用于保护点的位置。优点是受力面宽,受力均匀,破损情况易观察。扁带的延展性近于0,保护时不宜持续时间过长,以免冲坠系数过大。

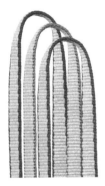

图8-46　Dyneema®材料的扁带

器械的合理使用能够让户外拓展的情境更加真实化,不仅可以让学生在安全、可靠的环境中感受户外拓展的魅力,使户外拓展得到更好的发展;也可以将更多的、可利用的资源引入户外拓展中来,为户外拓展的开展提供保障。

户外拓展的辅助性器械安全:

户外拓展中使用一些辅助器械以便保护学生的安全,包括求生墙下的海绵包(图8-47)、电网一侧的薄垫、防滑手套、护腿板等,都要注意合理使用。

图8-47　求生墙下面很厚的海绵垫

活动时为了更加真实地重现项目情境,需要一些辅助道具,道具使用得越多,难度就会越大,对于参与活动的人来说,也会转移注意力。因此,仔细研究道具的使用方法与要求,不断提醒注意事项,是道具使用时所必须注意的。比如,在模拟盲人的项目中,由于使用了眼罩,加大了磕磕碰碰的概率,这时就必须要求参与人员不得随意远离队伍。当听到"停止"提示时不要继续前进,不要蹲在场地上以防绊倒他人;前进时不要将手背在身后,防止正面"撞伤",可以将手放在胸前保护自己等。还有使用绳结时,如何打绳结避免滑动,确保绳网用于攀爬或保障抬运学生的安全,都必须提前细致讲解。

(三)拓展道具

拓展道具是拓展活动过程中必不可少的元素,是为拓展项目提供方便和完成任务所需的物品。一张纸、一支笔、一只网球或羽毛球、一个鸡蛋、一个纸杯、一根木杆或者一片树叶,都有可能成为拓展项目中至关重要的元素,决定着一个活动的部分进展甚至是全部。活动中学生如果不能够很好地利用这些道具,必将导致活动的成功性降低或者失败,这也是道具本身的价值所在。有些道具在拓展项目中的使用往往会增加项目的难度,但如果不使用这些道具则项目无法完成或者陷入困境,例如,孤岛求生中羽毛球的使用。有些道具是活动中的"主角",整个活动围绕道具的使用来完成,具有一定的难度,例如,"急速60秒"项目中的卡片牌(图8-48)、击鼓颠球活动中的大鼓(图8-49)、"水平云梯"项目中的云梯杆子(图8-50)等。有些项目的道具需要进行资源整合后结合在一起使用,最后达到项目要求的结果。

图8-48 "急速60秒"卡牌道具

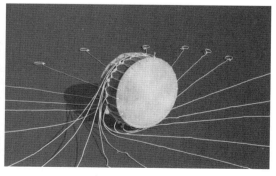

图8-49 同心鼓 道具

图8-50　水平云梯 道具

(四)户外拓展中器械安全(图8-51)

户外拓展中,常会有一些户外极限项目或专门场地上的高空索架等对体能要求较高的项目(图8-52)。为了避免学生受伤,项目进行前组织热身活动是必不可少的。在进行高架绳网类项目的时候,安全保护员的责任尤为重大。运动项目开始前保护员要认真检查绳网等器材设备,按规范打好各种保护绳结,最好自己先试过是否安全可靠。项目进行中,保护员一定要自始至终集中精力、全神贯注,不能有任何的疏忽(图8-53、图8-54)。运动项目结束后,即使是撤除保护装置也不能掉以轻心。树立安全防范意识,按照规范操作的安全保护是保证户外拓展成功的重要因素。

图8-51　户外拓展中的安全器械

图8-52　户外拓展中高空项目

图 5-53　保护员认真保护　　　　　　　图 5-54　对体重较大的多人参与保护

有安全保障的场地与器械能够让委托方安心于活动的交付,让组织顺畅开展活动,让参与者全身心投入学习运动之中。场地与器械的安全是户外拓展的基本保障,由于同一场地有时会有不同的教师与学生使用,所以任何的安全隐患都应该及时通报,确保后续使用人员心中有数。户外拓展中的保护性器械、辅助性器械、拓展道具等,要注意合理使用、保养与维护,这对户外拓展都是非常重要的。

第四节　户外拓展的风险与安全管理

户外拓展的
风险与安
全管
理

一、户外拓展的安全保障

"科学系统的课程设计、随时随地的安全意识、国际认证的器材装备、严格规范的操作方法、丰富实用的教学经验、灵活有效的安全预案"是户外拓展安全开展的保障。只要能够认真对待户外拓展,正视项目特点,承认项目的风险性,在教学中消除物的不安全状态,杜绝人的不安全行为,控制不安全环境因素,就能够获得安全保障。

二、户外拓展的安全要求

(一)户外拓展的安全指导方针

安全对户外拓展不仅意味着完善的体系、严密的制度,它更是我们思想意识的一部分,应将其融入参加户外拓展者的日常生活习惯中。富有经验的教师必须严格依照安全程序指导、监控活动的全过程,才能确保在户外拓展中实施"百分之百的安全保障"这一指导方针。

(二)户外拓展的安全原则

活动场地、器械的特殊性,活动内容的未知性以及特有的心理挑战等,决定了户外拓展具有一定的风险性。如何让参加户外拓展的学生在身心上获得安全保障,是课程重中之重的关键环节。

为了消除隐患,降低风险,以下安全原则应在户外拓展中严格遵守。

1. 双重保护原则

课程设计时所有需要安全保护的运动项目,都必须进行双重保护演练,以确保使用任意一种保护方法都足以保护学生在项目实施过程中的安全。

例如,在做信任背摔时,为了更安全,每一个环节上都有双重保护。当学生爬上背摔台后,拓展教师一定要将他引带到保护架内,直到他背靠保护架站稳。绑上背摔绳后,拓展教师应将学生慢慢引到台边站稳,后倒时教师应确认方向正确后再松背摔绳,倒下后首先是队友双臂拦住。即使学生体重很大,也应落在队友的前腿之上,绝不会落在地上,因此接人的队员必须用弓步站立。

2. 器械备份原则

任何需要器械保护之处,都必须安置备份器械。

例如,跳跃冲击性项目,必须有两套独立的绳索与主锁保护。空中单杠项目在进行保护时,需要在单杠的前后方向各打一个保护点,两条独立的保护绳各自连接一个主锁,主锁锁门一侧挂在连接点上,确保其中的任何一个都能起到保护的作用。

3. 多次复查原则

所有的安全保护器械使用后必须再复查一遍,操作中部分保护器械要多次检查,排除操作失误的可能性。

例如,在高空断桥项目中,学生上桥面之前,需要教师先行检查,然后队长与队友检查。上到断桥面以后,拓展教师需要再次检查安全带是否穿戴正确,安全头盔是否扣好等。

4. 全程监护原则

拓展教师需要对项目进行中可能遇到的安全问题进行全程监管,将一切隐患消除在萌芽中。

例如,做求生墙项目时,拓展教师与安全监护人员要一刻不停地监管整个过程,不仅要关注上爬人员,也要关注墙上的人员,整个过程必须完全在视线范围内,以做到心中有数,若有不合理动作出现必须及时叫停。

除此之外,还有一些原则要求也是必须做到的,比如在高空换锁时,必须遵循"先挂后摘"原则,项目开始前,要遵守"相互检查"原则,项目进行时要遵从"互相保护"原则等。

只有在活动过程中,认真讲解、规范操作,将安全问题很好地落到实处,才能享受户外拓展带给我们的快乐与收获。

(三)户外拓展的风险防范

拓展风险防范的定义,是通过理论研究和实践分析找出拓展活动中风险的特性和规律,采用与此相关的手段规避和处理风险,将风险的损失降到最小的同时获得更大的收益。

风险管理在"安全实践"理论中是指采用一些标准的操作方式。

只有安全和不安全之分,两者之间没有中间地带!!!

在拓展中通过风险识别、风险分析、管理手段使风险损失最小化,使其处在"可以接受的"范围之内,或者将风险挡在转化为事故的门外,这也是风险管理的目的。当然,对可以接受的风险的评估是主观的,也会因人而异,不同的价值观、不同的个人规避风险的能力,都会影响对同一等级风险的判断。应对风险的实践要通过不断的回顾发展演变,建立在实际经历和其他包括研究实例及法庭决断的经历之上。拓展中的风险应该在事故出现之前得到避免,事实上有些风险必然会产生一些小的事故,如何处理和在风险的边缘进行活动,是拓展不可回避的问题。

1. 规避风险,防患于未然

通过对项目的难度和风险分析,找出活动监控的重点,及时控制住活动中即将出现的不可控风险,避免风险转化为危险和事故。比如,在求生墙活动中,最后一个人的施救过程可以通过多种方式完成,但是诸如拉住脚踝,将学生放下来连接地面上学生的方式,具有极大的风险,教师一定要及时叫停,不允许这种方式进行施救。

2. 风险的危害最小化

降低危险和损失发生的可能性,使不可避免的风险减至可接受的范围。通过合理的风险管理手段在结果上可以被理解和接受。

在信任背摔中,学生后倒会使组成"人床"的学生手臂受到剧烈冲击,学生肘关节方向不对可能会造成重大伤害,如果只要求学生掌心向上而不强调肘关节必须朝向地面,前臂仍然会感到非常疼痛。但即使是按照技术要求去做,体格较弱的学生在努力接住体格较好的学生时,也会出现一些轻微的红肿或疼痛,这种不可避免的风险造成的轻微伤害,学生一般都能够接受并且会从中感受到成就。

3. 利用风险管理使活动收益更大

在断桥活动(图8-55)中,调整两块桥板之间的宽度是对风险管理的最直接利用,间距太小,风险降低,往往会很轻松地过去,失去了活动的挑战价值与意义。因此,活动中教师必须按照自己的经验看学生在地面的状态和跨越能力,观察学生在攀爬时的动作,听学生的呼吸和通过问询听学生的声音,尽量准确地判断学生可能具备的最大能力,及时调整桥板之间的宽度。只有这样才能让风险处于既能锻炼学生又不会出现危险,或者出现危险的概率极低的状态。在安全的边缘挑战是参与者经历的一个方面,努力地将风险化解为安全,才能获得成功的体验。真正的安全也绝不能通过遵循固定的法则来实现,只能随机应变,依据变动的因素制订安全预案来实现。因此,应对风险时"安全预案"的灵活运用是非常重要的。

图8-55　高空断桥项目

在做好自身安全防范的同时,应做好向保险公司投保的工作。拓展培训机构、户外拓展场地管理方都应严格遵守操作流程,提前办好保险事宜,尽可能地化解意外风险导致的赔付问题。

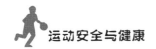

三、户外拓展的保护技术

在户外拓展高空项目中,练习者一旦离开地面,就意味着把生命交给了保护员,所以一名合格的保护员不仅要有过硬的技术,更要有强烈的责任心和高综合素质(图8-56)。

图8-56　学生们加强式保护组

保护者在参加任何一个高空挑战项目的过程中,都"不是一个人在战斗",其身后有很重要的能够相互配合的保护团队来确保挑战者的安全,这就是"保护组技术",每一个保护组都有四名成员组成,分别是主保护、副保护、收绳员、安全员。

主保护:主保护是保护组中最重要的角色,是五步保护法的执行者,在任何时候都要时刻关注挑战者,是挑战者安全保护的第一责任人。

副保护:检查主保护的安全带、制动器安装的正确性、制动器与绳索的连接状态,及时帮助主保护收回多余的绳子,并且在主保护与挑战者体重略有悬殊时,能增加主保护的配重。(注意:副保护应在主保护制动端一侧,如由于配重需要副保护,应拉紧主保护安全带腰环的后侧,将四指下插到后背腰环并拉握住)副保护是主保护的第一责任人。

收绳员:是将主、副保护收回的绳子进行整理,并进行回收,保证绳在整个保护的过程中是不落地的。(拓展用的动力绳是不能踩的。参见拓展用绳一节)时刻关注主、副保护周围的环境,并能及时清除影响保护的环境因素。例如,在保护组即将后撤过程中,有很多围观的人,这样收绳员应大声呼喊提醒让路,确保保护组能够处在一个安全的环境进行保护。当然,有时根据环境的不同,保护组的后方并没有可以后撤的道路,收绳员也要及时提醒主保护,快速收绳并保护成员前移。

安全员:负责检查挑战者安全装备穿戴的完整性、绳索连接的正确性、挑战者周围环境的安全性,帮助挑战者挂锁、并检查锁门的方向,带领挑战者进入挑战场地,并负责对挑战者的陪同与沟通,必要时还需要安慰挑战者,并给予一定的心理疏导。当挑战者返回地面时,主动上前迎接、给予鼓励,并确定挑战者身心状态,以及解除安全锁,迎接下一位挑战者。

(一)保护者的基本素质

1. 熟练过硬的技术:这是做好保护的基础。

2. 强烈的责任心:保护者的失误直接威胁到同伴的生命,任何的闪失都是不允许的。

3. 善于沟通,有较好的语言表达能力。

4. 具备良好的心态,善于关心与鼓励他人。

5. 具备良好的观察力。

6. 具备一定的随机应变能力和处理突发事件能力。

(二)法式五步保护法

大多数高空项目都需要实施下方保护,通用方式是五步保护法。保护点设置在保护者身上,并将保护器械直接连接在保护者身上。此时绳索一端系于被保护者的安全带上,绳索向上通过上方保护点绕至下方保护者,绳索按规范方法经过保护者安全带上的8字环后,控制在保护者手中。以右手为控制手为例,保护者具体姿势(图8-57—图8-62)如下。

图8-57 法式五步收绳法的标准站立姿态

图8-58 第一步:拉

图8-59　第二步:压

图8-60　第三步:换

图8-61　第四步:跟

图8-62　第五步:回

以右手操作为例,结合五步收绳法动作口诀"一拉、二压、三换、四跟、五回",法式五步保护法具体操作如下。

第一步,拉。保护者左脚在前两腿前后分立,身体重心略偏后,眼睛跟随攀登者。左手手臂前伸握住从上方保护点延伸过来的主绳,右手握住从8字环里穿出来的绳索。随着攀登者的上升速度,左手向下拉绳,同时右手向上拉绳收紧(图8-58)。

第二步,压。右手握紧绳子由远离胸前的位置折转到右大腿后外侧(图8-59)。

第三步,换。左手通过保护绳前下方移至右手上方和8字环之间的位置,虎口朝向8字环,手心向下握紧绳子(图8-60)。

第四步,跟。右手移至左手上方靠近8字环的位置(图8-61)。

第五步,回。还原至第一步的姿势(图8-62)。

保护者在拓展活动中,必须认真完成五步收绳保护法每一个步骤(图8-63)。

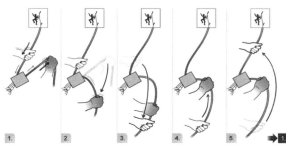

图 8-63　法式五步收绳法简图

图 8-64　保护系统安装细节

　　如攀登者体重过大,应安排副保护两人,协助收绳并将绳索理顺,在主保护收绳时,迅速将绳索拉紧。无论采取哪种保护方式,也无论保护者的力量多大,一个人要想不借助绳索与器械之间的摩擦,而拉住同自己体重差不多又突然下落的物体是绝对不可能的。保护技术并不难掌握,但绝不可以麻痹大意,保护者必须牢记以下几点。

　　保护者自己的重心稳定是很重要的,如控制不好,最严重的后果是攀登者下坠的强大冲击力将保护者拉到空中,或被快速拖向攀登者,最有效的办法是固定保护者。另外,尽管体重轻者可以保护重者,但难度会增大,因此保护者体重不要轻于攀登者太多,通常原则是保护者体重不低于攀登者体重1/2。

　　保护时一定要戴手套,因为放下攀登者时绳索在手中的滑动摩擦转变为热能,手掌无法直接承受,容易产生烧伤。

　　保护者一定要集中精力,仔细检查装备确认无误(图8-64),攀登者与其互相确认好后再开始攀登,保护者密切注意观察攀登者。当攀登者遇到困难、体力不支或动作明显不协调时,保护者时刻做好制动的准备。

第九章　运动处方方案制订

第一节　运动处方种类与制订原则

运动健身
概述

一、运动处方的种类

传统的运动处方大致可分为两种：治疗性运动处方和预防性运动处方，后者主要用于健身防病。

按照运动处方的目的分为三类：耐力性（有氧）运动、力量性运动及伸展运动和健身操。耐力性（有氧）运动是运动处方最主要和最基本的运动手段。在健身、健美运动处方中，有氧运动是保持全面身心健康、保持理想体重的有效运动方式。有氧运动项目有步行、慢跑、走跑交替、上下楼梯、游泳、自行车、功率自行车、步行车、跑台、跳绳、各种球类运动等。

力量性运动在运动处方中主要用于治疗运动系统、神经系统等肌肉、神经麻痹或关节功能障碍的患者，以恢复肌肉力量和肢体活动功能为主。

伸展运动和健身操较广泛地应用在治疗、预防和健身、健美各类运动处方中，主要作用是放松精神、消除疲劳、改善体形、防治高血压和神经衰弱等。主要项目有太极拳、保健气功、五禽戏、广播体操、医疗体操、矫正体操等。

二、运动处方的制订原则

1. 科学性原则；

2. 个别对待原则；

3. 趣味性原则；

4. 动态调整原则；

5. 安全有效原则;

6. 运动效果特异性原则。

第二节 运动处方内容安排

科学的体育锻炼要求体育锻炼者应当遵循运动健身的基本原则,制订系统的运动处方健身方案。运动健身内容一般由运动方式、运动强度、运动时间和运动频率四部分组成。

一、运动方式选择

运动方式是体育锻炼者采用的具体健身手段和健身方法,即具体的运动项目。不同的运动方式具有不同的健身效果。根据不同运动方式的运动特征,把众多体育运动项目归纳为有氧运动、力量练习、球类运动和中国传统运动等几大类。

运动方式的
选择

（一）有氧运动

有氧运动是指人体在氧气供应充足的条件下,全身主要肌肉群参与的节律性周期运动,如健身走、慢跑、骑功率自行车、登山、爬楼梯、游泳、跳绳等(图9-1、图9-2)。

图9-1　游泳　　　　　　　　　　　图9-2　跳绳

有氧运动具有以下健身效果。

(1)改善心血管功能。

有氧运动可以提高心脏收缩力,使心脏每次收缩射出的血量增多,心率减慢,提高心脏的工作效率;增加心脏毛细血管数量,改善心脏血液供应。

（2）提高呼吸功能。

（3）控制与降低体重。

有氧运动是大肌肉群参与的全身性运动,长时间运动时能量消耗多,脂肪参与供能的比例增加,降低体内脂肪含量,是最理想的控制或减轻体重的运动方式。

（4）使身材健美。

有氧运动可以减少腰部和臀部周围的脂肪组织,使身体曲线更加完美。

（5）增强抗疾病能力。

有氧运动可以对免疫功能产生良好影响,增强身体的抗疾病能力。

（6）改善血脂。

（7）调节血压。

（8）改善糖代谢。

由于有氧运动可以全面提高人体机能,人们在进行体育锻炼时,应将有氧运动作为基本的运动健身方式。以提高心肺功能、减轻体重、调节血压、改善血脂为主要目的的体育锻炼者,可以首选有氧运动方式。在进行有氧运动时,需要达到一定的运动强度,才能获得上述效果。以健步走为例,健身走不同于散步,行走速度要快,中老年人进行健步走时,速度应达到80～100米/分,或相当于100～120步/分。

（二）力量练习

力量练习是指人体克服阻力,提高肌内力量的运动方式。力量练习包括非器械力量练习和器械力量练习。非器械力量练习是指克服自身阻力的力量练习,包括俯卧撑、原地纵跳、仰卧起坐等。器械力量练习是指人体在各种力量练习器械上进行的力量练习(图9-3)。

图9-3　力量训练

力量练习对人体的良好影响可表现在以下方面：

（1）增加肌肉体积；

（2）提高肌肉力量；

（3）促进骨骼发育；

（4）预防骨质疏松；

（5）提高平衡能力。

（三）球类运动

球类运动包括具有直接身体接触的球类运动和非直接身体接触的球类运动。前者包括篮球、足球、橄榄球等，后者包括排球、乒乓球、羽毛球、网球、门球、柔力球等（图9-4—图9-6）。

图9-4　乒乓球运动　　　　　图9-5　羽毛球运动　　　　　图9-6　排球运动

球类运动一般都是由大肌肉群参与的全身性运动，除可以提高心肺功能外，还具有以下健身技果：

（1）提高肌肉力量；（2）提高反应能力；（3）调节心理状态。

（四）中国传统运动

中国传统运动健身方式主要包括武术和健身气功两大类。具体活动形式包括太极拳、太极剑、木兰拳、木兰剑、武术、五禽戏、八段锦、易筋经、"六字诀"等等（图9-7、图9-8）。中国传统运动健身方式除了具有提高心血管、免疫功能的作用外，在以下方面的健身特点突出：

（1）提高呼吸功能；（2）提高平衡能力；（3）提高柔韧性；（4）调节心理状态。

图9-7　太极　　　　　　　　　　　　　图9-8　五禽戏

（五）选择运动方式时应注意的问题

在选择运动项目时，要充分考虑到可能影响体育锻炼效果的各种因素，科学、合理地选择运动项目。

1. 年龄状况

不同年龄的人，选择的运动方式往往不同。

2. 健身目的

体育锻炼者在选择运动项目时，要根据运动健身的目的确定运动方式。

3. 兴趣爱好

体育锻炼者在选择运动项目时，应当尽量选择自己感兴趣的运动项目，否则很难长期坚持。

4. 动作难度

刚参加体育锻炼时，应当尽量选择一些动作技术相对简单、对运动技能要求不高的运动项目。当身体机能和身体素质逐渐提高后，再选择一些技术难度高的运动项目。

二、运动强度控制

运动强度是制订运动健身方案中最重要的内容。

运动强度可根据运动对机体的刺激强度和身体对运动的反应程度确定。心率是评定运动强度的简易指

运动强度
控制一

运动强度
控制二

标，以有氧运动为例，根据运动中的心率变化可将有氧运动分为小强度运动、中强度运动和大强度运动。

——小强度有氧运动：运动对身体的刺激程度较小，运动中心率一般不超过100次/分，如散步等。

——中强度有氧运动：运动对身体的刺激强度适宜，运动中心率一般在100～140

次/分,如健步走、慢跑、自行车运动、太极拳等。运动中主要通过消耗糖原和脂肪供能。

——大强度有氧运动:主要指一些强度相对较大的长时间耐力运动。运动中最大心率超过140次/分,如跑步、快节奏的健身操和快速爬山、登楼梯等。篮球、足球等球类运动中既有大强度运动,又有中等强度有氧运动。

一般常用的监控运动强度的简易指标有运动中心率、运动的呼吸变化和运动中自我感觉等。

(一)用心率控制运动强度

运动强度越大,心脏和身体对运动刺激的反应就越明显,心率也就越快。一般常用最大心率百分比和运动中的实际心率数控制运动强度。

最大心率是指人体运动过程中所能达到的最快心跳频率,用次/分表示。测定最大心率的方法有直接测定法和间接推测法。

人体的最大心率与年龄有关,随着年龄增加,最大心率逐渐减慢。据此,采用下列公式可以间接推算最大心率:最大心率(次/分)=220-年龄(岁)

用心率控制运动强度时,要考虑年龄、体质状况、锻炼习惯和运动方式等多种因素。以有氧运动方式为例,一般参照60%～70%最大心率范围进行中等强度有氧运动。对于具有一定运动习惯、身体机能较好的人,可以参照70%～80%最大心率进行大强度有氧运动;而对于初参加体育锻炼或身体机能较差的人,可参照50%～60%最大心率范围进行中小强度有氧运动。

在制订具体的运动健身方案时,要根据每个人的年龄、身体状况、运动能力测定结果,对体育锻炼者的运动能力进行综合评价,确定控制运动强度的心率范围,并在实施运动健身方案中不断调整,以适应个体状况。

开始阶段的运动心率范围为50%～60%最大心率,相当于90～108次/分;适应阶段的运动心率范围为60%～70%最大心率,相当于108～126次/分。

在体育锻炼过程中,有两种方法监测运动中心率。一是采用心率测试表检测运动过程中的心率变化。二是测定运动中或运动结束后即刻10秒的桡动脉或颈动脉脉搏,乘以6,即为运动中心率。

(二)用呼吸变化控制运动强度

研究发现,运动中呼吸频率和呼吸深度的变化与运动强度有关,也与心率变化有关,因此,可以根据运动中的呼吸变化控制运动强度。

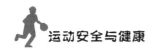

（1）呼吸轻松

小强度有氧运动,呼吸状态下的运动心率一般在100次/分以下,这种强度的运动可持续2小时以上。

（2）呼吸比较轻松

运动中呼吸深度和呼吸频率增加,但可以表述完整的句子,与人正常交流。运动心率相当于100～120次/分,为中等强度有氧运动。这种强度的运动可持续1小时左右。

（3）呼吸比较急促

运动中,正常讲话受到一定程度影响,只能讲短句子,不能完整表述长句子。运动心率相当于130～140次/分,为中等强度偏上的运动。这种强度的运动可持续30分钟左右。

（4）呼吸急促

运动中呼吸困难,但思维清楚。由于呼吸急促,运动中无法与人交谈。运动心率达到150～160次/分,为大强度运动。这种强度的运动只能维持15分钟左右。

（5）呼吸非常急促

运动中上气不接下气,表现为呼吸非常困难。运动心率高达170～180次/分,接近个人的最大强度。从事这种强度的运动不应超过5分钟。

（三）用主观体力感觉控制运动强度

人体运动过程中,身体主观感觉与心率和运动强度有密切关系,因此,可以根据主观体力感觉控制运动强度。

（四）根据运动习惯控制运动强度

经常参加体育活动的人,已经养成了良好的运动习惯,有自己固定的运动模式,因此,可以按照自己以往的运动模式安排体育活动。例如,有长跑运动习惯的人,平时在标准田径场进行跑步运动,运动强度相当于3分钟跑一圈（400米）,每天跑5000米,每周跑3次,每3分钟跑一圈就是他习惯的运动强度,每天跑5000米就是他适宜的运动量,他可以按照这样的运动负荷坚持体育锻炼。

根据运动习惯控制运动强度时,一定要注意自身的机能状态,如果身体有不舒服的感觉,要及时调整运动强度或暂时停止运动。

（五）力量练习时的运动强度控制

在进行力量练习时,一般常用负荷重量作为评定运动强度的指标。负荷重量越大,运动强度也就越大。例如,一个人卧推的最大负荷重量为40千克,那么,40千克就是他卧推的最大负荷重量,20千克则是他卧推的小负荷重量。按照这样的划分方法,可把力量训练强度分为最大强度力量训练、大强度力量训练、中等强度力量训练和小强度力量训练。力量练习常见的负荷重量相当于8～12 RM。RM 为 repetition maximum 的缩写,它是指单一肌肉一次收缩所能够产生的最大肌力,也可以指某一肌群收缩一次能够抵抗重量的最大肌力。RM 是肌肉训练时的强度设定指标。在实际的运用中,RM 代表的是肌肉疲劳前能按指定重复次数举起的最大重量,如8 RM 就代表能举起8次的最大重量。

(1)最大强度力量练习

RM 为 Repetition Maximum 的缩写,它是指单一肌肉一次收缩所能够产生的最大肌力,也可以指某一肌群收缩一次能够抵抗重量的最大肌力。RM 是肌肉训练时的强度设定指标。在实际的运用中,RM 代表的是肌肉疲劳前能按指定重复次数举起的最大重量,如8RM 就代表能举起八次的最大重量。

(2)大强度力量练习

采用大负荷重量,相当于6～10 RM,每种负荷重量的重复次数为6～10次,每个部位重复2～3组,组与组间歇时间为1～2分钟。主要作用是发展肌肉力量。

(3)中等强度力量练习

采用11～20 RM 负荷,每种负荷重量的重复次数为11～20次,每个部位重复3组,组与组间隔时间1分钟。主要作用是增加肌肉体积,使肌肉粗壮。

(4)小强度力量练习

相当于20 RM 或以上,每种负荷重量重复20次及以上,每个部位重复2组,组与组间歇时间1分钟。小强度力量练习主要用于发展肌肉耐力。

三、运动时间

运动时间是指每次体育活动的持续时间。运动时间和运动强度决定了一次体育活动的总运动量。体育锻炼只有达到一定的总运动量,才能取得明显的健身效果。运动时间过短对提高身体机能效果甚微;而运动时间过长,则容易造成疲劳累积,也不会进一步增加健身效果。

运动时间也与从事的运动项目有关。进行持续性有氧运动时,运动时间可以长一些;进行力量、速度运动时,运动时间可以短一些。在进行一些球类运动项目时,如网球、羽毛球、门球等,由于运动中有一定的间歇时间,因此,运动过程的时间可以长一些,但有效运动时间最好也不要超过1小时。

对于经常参加体育锻炼的人,我们推荐每天有效运动时间为30~60分钟。进行中等强度有氧运动时间应该在30分钟以上,进行大强度的运动时间为20~25分钟。

四、运动频度

运动频度是指每周参加体育活动的次数。从运动生理学角度分析,每周只进行1天体育活动,虽然会使身体机能有所改善,但这种健身效果不能持续积累,而且由于间隔时间较长,每次运动后都有比较明显的肌肉酸痛症状和疲劳感觉,对增强体质的作用不大;每周进行2天体育活动,可以提高身体机能或保持已经获得的运动效果;每周进行3天或3天以上的体育活动,运动健身效果明显;养成运动习惯后,采用同样的运动方式和运动强度,没有明显的疲劳感。

有运动健身习惯的成年人可以每周进行150分钟以上的中等强度有氧运动,或75分钟以上的大强度有氧运动,这相当于每天进行30~60分钟的中等强度有氧运动,每月运动3~5天,或每天进行20~25分钟的大强度有氧运动,每周运动3天以上。

第三节 运动处方案例

运动健身
案例

一次运动通常分三部分进行,即准备部分、训练部分和结束部分。在不同的锻炼阶段,这三个部分的时间划分各不相同。

一、步行健身运动处方

"走为百练之祖",走是一种最简捷、最有效的锻炼身体、延年益寿的方法。常言说"饭后百步走,能活九十九",可见人们对于行走的健身价值早有认识。

但是,以什么样的速度步行好呢?对于这个问题,很难一概而论,只要自己认为是适宜的速度就可以了。健身步行可根据自己的健康状况、体力和锻炼习惯自行掌握。在此仅提供参考,一般来讲,运动医学研究的结果认为,步行速度每分钟达133 m(约7 km/h,心率可达人体最大心率的70%),是最好的有氧运动,对健身效果最佳(图9-9)。

图9-9　徒步队

二、慢跑健身运动处方及其他健身运动方式

现代慢跑健身风靡世界,被人们誉为有益健康、去病延年的"有氧代谢运动之王"。成年人跑步的速度不宜太快,不能快跑或冲刺,要保持均匀的速度,以主观上不觉得难受,不喘粗气,不面红耳赤,能边跑边说话的轻松气氛为宜。客观上以慢跑时每分钟心率不超过180减去年龄数为度。例如,60岁的人慢跑时的心率应为每分钟180－60＝120次,慢性病患者跑步的速度还可适当慢些,时间也可短些。

1. 交替健身运动处方

适合初始参加锻炼的人或年老体弱者。走跑交替有两种方法:一种为在一次锻炼中先走后跑,交替进行。另一种为由走开始锻炼,随着身体适应能力的增强,逐渐由慢跑替代行走。

2. 慢跑运动处方

(1)一般来讲,年龄较小、体质较好者,宜选择强度较大,持续时间较短的方案;中老年人及体质较差者,宜选择强度较小而持续时间较长的方案。

(2)初始锻炼者先从步行开始练习,待基础体力提高之后再慢跑,过渡期间可用走跑交替的方法练习,以使机体能力与运动能力相适应。

(3)慢跑的场所最好选择土路和较为僻静的地方,如果在城市的马路上进行,一定要注意安全。时间以清晨为好。

(4)如果在慢跑中出现腹痛,多由呼吸不当引起,这时需要立即减慢跑速,加深呼吸,如症状不能缓解,应停止运动,查明原因。在感冒发烧期间或患有某些不适于慢跑的疾病,不应参加慢跑锻炼。

（5）慢跑锻炼可根据个人对运动量的自我感觉来定量，以不产生过度疲劳为宜，采用每日或隔日锻炼的形式。

3. 游泳健身运动处方

游泳是一项很好的全身运动，也是人类生活中的一种实用本领。无论男女老少、体力强弱，甚至某些慢性病患者均可参加，并从中得到锻炼和治疗。

有关专家对游泳中的最大心率与慢跑做了比较研究，以探讨健身游泳运动中的适当运动强度。结果发现，游泳时的最大心率比慢跑低11次/分。也就是说，一个人在慢跑时最大强度心率可达151～186次/分，而在水中可达144～176次/分，平均低7～10次/分。

因此，陆上的运动处方应用于水中时，其水中适宜运动强度的心率计算结果，应比慢跑少10次/分左右。

4. 登楼梯健身运动处方

据美国《时代》周刊报道，登楼梯已成为美国近年来发展最快的健身运动，大约有400万人参加这项活动，自1988年以来至少增加了40%，其中既有精力充沛的年轻人，也有年迈体弱的中老年人。

美国约翰斯·霍普金斯大学的各种调查也证明，35～80岁的人如果每天爬833级楼梯（约相当上下7层楼3次），那么其寿命就可延长两年半。美国健康学权威肯尼斯·库珀的研究结果也表明，一个人如果坚持每天爬5层楼梯，即可使心脏病的发病率比乘电梯的人少25%。登楼梯的形式多种多样，一般健身主要采用走（爬）、跑、多级跨越和跳等形式，锻炼者可根据自己身体的健康状况和环境条件，选择个人适宜的锻炼方式。

5. 自行车健身运动处方

骑自行车锻炼，可谓融娱乐、健身与生活为一体。它对内脏器官产生的积极影响，并不亚于长跑和游泳等运动。

为了达到骑车健身目的，关键是要掌握好骑行的强度，锻炼效果同运动强度成正比增长。锻炼者刚开始骑车，一般应达到每分钟蹬60次，近似于平时散步的速度。对于有一定基础的锻炼者，蹬速在每分钟75～100次最合适。计算蹬速，只需记下10秒内一条腿蹬的次数，即可算出每分钟蹬的次数，假如单腿10秒内蹬了7.5次，那么7.5×6×2＝90次/分。

参考文献

[1]张军.运动与健康自我健康管理的运动方案[M].北京:化学工业出版社,2010.

[2]王瑞元,苏全生.运动生理学[M].北京:人民体育出版社,2000.

[3]邓树勋.运动生理学[M].3版.北京:高等教育出版社,2015.

[4]邹克扬,贾敏.运动医学[M].北京:北京师范大学出版社,2010.

[5]Robert S Gotlin.运动损伤的预防、治疗与恢复[M].高旦潇,译.北京:人民邮电出版社,2017.

[6]黎鹰.运动损伤与预防[M].杭州:浙江大学出版,2019.

[7]牛映雪,鹿国晖,刘杨.体育保健与运动康复技术[M].北京:化学工业出版社,2016.

[8]刘明.雾霾天气中学生体育课素质拓展教学[M].北京:北京体育大学出版社,2015.

[9]钱永健.拓展[M].北京:高等教育出版社,2013.

[10]潘雯雯等.健身运动[M].杭州:浙江大学出版社,2016.

[11]吴叶海,刘明,金熙佳.定向越野[M].杭州:浙江大学出版社,2019.

[12]中共中央 国务院印发《"健康中国2030"规划纲要》[EB/OL].[2016-10-25]http://www.gov.cn/zhengce/2016-10/25/content_5124174.htm.

[13]习近平.全国教育大会重要讲话:坚持中国特色社会主义教育发展道路 培养德智体美劳全面发展的社会主义建设者和接班人[EB/OL].[2019-1-2]. http://edu.people.com.cn/n1/2018/0911/c1053-30286253.html.

[14]教育部.全国普通高等学校体育课程教学指导纲要[EB/OL].[2019-2-28]. http://old.moe.gov.cn/publicfiles/business/htmlfiles/moe/moe_28/201001/80824.html.

[15]教育部.高等学校体育工作基本标准[EB/OL].[2019-2-28]. http://old.moe.gov.cn/publicfiles/business/htmlfiles/moe/s3273/201407/171180.html,2014-06-11.

[16]国务院办公厅.关于强化学校体育促进学生身心健康全面发展的意见[EB/OL].(2019-2-11). http://www.gov.cn/zhengce/content/2016-05/06/content_5070778.htm.

后 记

    本教材共分为九大篇章,由吴叶海等担任主编。本教材属于新形态教材,读者在学习每个章节时都能够通过二维码的扫描,利用手机或电脑进入运动安全与健康的MOOC学习平台,观看网络视频或直播。教材的设计是线上线下同步的,每个章节都有对应的知识结构,可以在网络上答题和复习所学的知识。

    运动安全是学校体育的重要组成部分。高校体育只有坚持"注重运动"更"注重安全"的理念,才能更好地发展"健康第一"的指导思想,才能更好地完成"健康中国2030"的重要任务,才能够为社会培养更多"五育并举"人才。

    本教材从实际出发,深入浅出地讲解容易在运动中出现的问题,以及导致该问题的原因,并依据教学实践结合当前最新的研究成果,针对安全防范的方式方法、安全纠纷的处理方法、运动处方等基本理论和基础知识进行深入的探讨,可供高校师生系统学习。

    感谢浙江大学传媒与国际文化学院郑丹阳,为本教材拍摄了专业图片。感谢浙江大学红十字会专门为本教材提供的指导和支持。

    本教材是由6位具有多年体育教学经验的教师组成的编写团队撰写的,尽管已经在教材的内容和结构上进行了严格的梳理,但可能依然存在不足之处,请各位专家,特别是全国的体育教师和体育学者批评指正!

编者

2021年8月